[美]托马斯·索维尔 著 夏维勇 译

观 念 的 冲 突

A CONFLICT OF VISIONS
IDEOLOGICAL ORIGINS
OF POLITICAL STRUGGLES

THOMAS SOWELL

献给爱妻玛丽

每一个人，无论去往何处，
都会被一朵予人慰藉的信念之云围绕着，
云朵随他而动，仿佛夏日的苍蝇。

伯特兰·罗素

2006年版序

这是我在我所写的书中最喜欢的一个修订版——主要原因是本书提出了一个基本的问题,而这个问题几乎没有得到它应有的关注:在当代,世界上相互竞争的迥然不同的意识形态观念背后,潜在的假定是什么?本书的目的不是判定这些观念哪一个更有效,而是揭示隐藏在每一套观点和依照其假定推导出来的结论背后的内在逻辑。它不仅导致人们在特定议题上得出不同结论,而且使得诸如"正义""平等"和"权力"等基本词汇具有完全不同的意义。在一定意义上,尽管这是一本关于观念史的书,它与我们所处的时代也息息相关,因为这种观念的冲突在今天正如在过去的两个世纪中那样尖锐。

我的另外两本书——《圣化的观念》(*The Vision of the Anointed*)和《探寻宇宙正义》(*The Quest for Cosmic Justice*),的确试图检验不同观念的有效性,但是,这不是

《观念的冲突》这本书的任务。这三本书合在一起可以被视为非正式的三部曲,尽管每一本都是独立写作的。然而,我并不能宣称自己独立完成了这一修订版,因为我的两位助手刘娜(Na Liu,音译)和伊丽莎白·科斯塔(Elizabeth Costa)在查找错误、矛盾以及电脑录入图文方面出力甚多。

托马斯·索维尔

胡佛研究所

斯坦福大学

1987 年版序

　　观念的冲突与利益之争不同。利益受到威胁时，直接受影响的各方通常知道议题是什么，以及他们各自的得失是什么。公众可能不明所以——他们恰恰因各竞争方的宣传而感到困惑。但是，公众的这种困惑是各利益相关方自身清醒的直接结果。然而，当观念发生冲突时，受特定观念影响最大的那些人可能是最意识不到其潜在假定的人，他们也是在面对突发的"实际"议题、发起政治运动或者不惜一切代价捍卫价值观时，最没有兴趣停下来检验这样一些理论问题的人。

　　不过，观念不仅仅是情绪的本能。相反，它们在逻辑上有惊人的一致之处，即使那些献身于观念的人也几乎没有去探寻其背后的逻辑。也不只有狂热者和意识形态分子才拥有观念，我们都有观念。观念悄悄地塑造着我们的思想。

　　观念可以是道德的、政治的、经济的、宗教的或社会的，在这些或其他领域，我们为自己的观念做出牺牲，如有需要，甚至宁可死亡也不会背叛它。在观念冲突不可调和的地方，整个社会就有可能被撕裂。利益的冲突主导着短期状况，但是，观念的冲突主导着整个历史。

我们会为了我们的观念去做几乎任何事情，却唯独忘了去思考它们。本书的目的就是去思考它们。

托马斯·索维尔
胡佛研究所
斯坦福大学

第一部分 模 式

第1章 观念的作用 3
第2章 有限的观念和无限的观念 11
第3章 知识和理性的观念 37
第4章 社会程序的观念 69
第5章 观念的种类和动力 103

第二部分 应 用

第6章 平等的观念 133
第7章 权力的观念 155
第8章 正义的观念 189
第9章 观念、价值观和范式 227

注 释 259

第一部分

模 式

观念的作用

关于政治观点的令人好奇的一件事是,为何同一批人在不同的议题上站在相反的立场上的情况十分常见。议题本身彼此之间可能没有内在的联系。它们涉及的范围可以从军事开支到禁毒法律、货币政策,再到教育。然而,同样的面庞一次又一次在政治分界的两边相互对视。这种现象司空见惯而不是偶然发生,不受控制而不是按部就班。通过对双方观点更进一步地观察,我们常常会发现他们的推理源自根本不同的前提。这些不同的前提 —— 常常没有直接言明 —— 为个人或群体在大量不相关的议题上不断重复的对立提供了一致性。这些人对于世界是如何运行的这个问题持有不同的观念。

要是可以说我们应该完全搁置观念而只处理现实，那就太好了。但这种想法可能是所有观念中最乌托邦式的。现实非常复杂，并不能被任何头脑所理解。观念好比地图，指引我们穿过令人迷惑的盘根错节的复杂现实。与地图一样，观念必须摒弃许多具体的特征，从而使我们能够专注于一些通向目标的关键道路。观念是不可或缺的——但又是危险的，准确地说，是我们把它们与现实相混淆了。一直被刻意忽略的东西，其对结果的影响可能并不能被忽略。它必须用证据检验。

观念（vision）一直被描述为一种"先于分析的认知行为"（pre-analytic cognitive act）。[1] 它是在我们建构起任何系统性的推理方式之前被我们所感觉或感受到的东西。这种推理方式可称为理论，它较少演绎出具体的结果，而更多的是需要用证据检验的假设。观念就是我们对世界运行方式的理解。比如，原始人可能把树叶飘动的原因理解为某种神灵在移动它们，他们也可能认为涨潮或者火山喷发有着类似的原因。牛顿对世界运行方式的观念完全不同，而爱因斯坦的观念又是另外一种。在对社会现象的认识上，卢梭（Rousseau）与埃德蒙·柏克（Edmund Burke）对人类因果关系问题的观念也是完全不同的。

观念是建立理论的基础。最终的结构不仅取决于基础，也取决于理论框架是如何精心地、一致地建构起来的，以及它是如何得到无可动摇的事实（hard facts）恰当的支持的。观念非常主观，但精心建构的理论含义清晰，而且事实能检验或衡量它们的客观有效性。世人在广岛认识到，爱因斯坦的物理学观念并不仅仅是爱因斯坦的观念。

在把观念转化成理论的过程中，逻辑是必不可少的组成部分，就像经验证据是决定理论有效性所必不可少的那样。然而，若要初步窥探世界的运行方式，最初的观念就是至关重要的。用帕累托（Pareto）的话来说就是：

> 逻辑对证明是有用的，但对发现来说几乎从来都是没用的。一个人产生了特定的印象，在这些印象的影响下，他陈述了一个可用实验检验的命题，但是他并不能说出这个命题是怎么来的或为什么产生，如果他试图这样做的话，他就是在欺骗自己……[2]

所有观念在一定程度上都是过于简单化的——尽管这个词通常被用来形容别人的而不是自己的观念。未经处理的不断变化的现实的万花筒会以其复杂性击败人类的头脑，但会臣服于抽象思维的能力和区别各部分并从整体上思考的能力。这一点在社会观念和社会理论中最为重要，因为它们处理的是复杂现象，并且经常是无数人的潜意识互动。

无论我们建立的观念是什么，它都永远不会解释"每一只麻雀的坠落"。特别是，社会观念一定会留下许多重要的没有解释的现象，或者只以特别的方式解释，或者利用来自不止一个观念的不一致的假定进行解释。最纯粹的观念可能并不是令人印象最深刻的理论的基础，更不用说是最有效的理论基础了。然而，单纯的观念比复杂的理论更能揭示出未能言明的前提。若要理解观念的作用，威廉·葛德文（William Godwin）的《政治正义论》（*Enquiry Concerning Political Justice*，1793）告诉我们的可能比马克思的《资本论》更多。事实上，在看到类似的前提在威廉·葛德文不太复杂的模型中是如何发挥作用之后，我们可能会对马克思的《资本论》产生更多的理解。同样地，潜藏在重农学派理论中的社会因果关系观念，本质上与亚当·斯密（Adam Smith）以及后来的米尔顿·弗里德曼（Milton Friedman）以更加复杂和难懂的方式详细阐述的观念非常相似。

本书所使用的术语"观念"（vision），指的不是愿景，不是希望，不是预言，也不是道德律令（moral imperative），尽管它们可能最终都源于某种特定的观念。在本书中，观念就是一种对因果关系的感知。它更像是一种直觉，或者一种"本能的感觉"，而非一种逻辑练习或实证检验。它们出现得更晚，并且由观念提供原料。如果因果关系按照我们的观念所设想的那样进行，那么，特定的结果就会出现，而理论就是由这些结果构成的。证据是将不同理论区分开来的事实。事实"本身不说话"，它们支持或反对相互竞争的理论。脱离了理论或观念的事实只是孤立的好奇心。

最终，有多少人就会有多少种观念，观念甚至会更多，并且不止一种观念与某个特定事实相一致。理论能够被事实所摧毁，然而其正确性永远不能被事实证明。事实能迫使我们放弃某些理论，或者砥砺自己的思维，以便将不可调和者调和起来，但是，它们最终永远无法确证某一理论的真实性。经验证明所能做的是揭示被纳入考量的相互竞争的理论中的哪一个与我们所知的事实更一致。其他的理论可能会在未来出现，也许会与事实更一致，或者用更少、更清晰或更可控的假定解释那些事实——或者一个新理论可能既能解释这个经验现象，也能解释另外的经验现象，而这些经验现象迄今为止是由不同的理论所解释的。

社会观念在许多方面都很重要。最显而易见的，是以某种关于世界的观念为基础的政策，其结果会影响整个社会，并持续许多年甚至是几代人、几个世纪。观念为思想和行动设定议程，填充了个人知识中必然存在的巨大空白。因此，比如说，某人可能在他知识丰富的一些领域中以某种方式行动,但是,在其他领域则以相反的方式行动——在这些领域,他依靠的是他从未用经验检验过的观念。一名医生在医疗问题上可能是个保守派,但在社会和政治问题上可能是个自由派,反之亦然。

某个时期的政治冲突是特殊利益、大众情感、个性碰撞、腐败以及其他大量因素的混合物。然而,持续的历史趋势存在某种特定的一致性,而这种一致性反映了某种特定的观念。特殊利益集团能否取得成功,往往取决于他们能在多大程度上调动公众对于某些观念的支持——这些观念能够唤起人们对某项政策的支持或反对。从个人动机的角度看,理念(idea)可能仅仅是特殊利益集团、政治煽动家和不同类型的机会主义者进行政治博弈的筹码。但是,从一个更宽广的历史角度来看,这些个体或组织可以仅仅被视为理念的载体,就像蜜蜂无意中携带了花粉——它们在宏大的自然规律中扮演着至关重要的角色,同时,也追求着较为狭隘的个体目标。

理性表达出来的理念对某次选举、立法投票或国家元首的行动的作用可能相当有限。然而,做出这种决定的气氛可能受某种特定的观念或某种观念的冲突的支配。在历史上,知识分子发挥的作用,与其说是在最高领袖的耳边悄声提出建议,不如说是引领了席卷人类行动的强大有力的概念或错误概念的潮流。观念的影响并不取决于它的表达方式,甚至也不取决于决策者是否意识到了它们。"务实的"决策者常常蔑视理论与观念,因事务太忙而不去检验其行为的终极基础。然而,本书的目标恰恰是检验潜在的社会观念。这些观念的冲突塑造了我们的时代,也许还要塑造未来。

第 2 章

有限的观念和无限的观念

> 每一套道德准则的核心都有一幅人性写真、一张宇宙地图,以及一份对历史的描述。对(被这样构思的)人性来说,在(被这样想象的)宇宙中,在经历了一段(被这样理解的)历史之后,这些准则中的原则是适用的。
>
> ——沃尔特·李普曼(Walter Lippmann)[1]

不同的社会观念中,人性的基本概念也有所不同。假如某个来自另外星系的生物,在 1793 年想通过阅读威廉·葛德文的《政治正义论》来获取有关人类的信息,它几乎不会认为,人类与仅仅五年前《联邦党人文集》(*The Federalist Papers*)所描述的是同一类生物。如果它比较出现在托马斯·潘恩（Thomas Paine）著作中的人和埃德蒙·柏克书中的人，或者出现在今天约翰·肯尼思·加尔布雷思（John Kenneth Galbraith）著作中的人与弗里德里希·A.哈耶克（Friedrich A. Hayek）著作中的人的话，这种差异会略微小一些。即使是在推测中的人类作为自然界野生生物的史前史中，让-雅克·卢梭（Jean-Jacques Rousseau）构想的自由、天真的人类与托马斯·霍布斯（Thomas Hobbes）构想的血腥战争中残忍的参与者也是不一样的。

人类的能力和局限暗含在截然不同的术语中。运用这些术语，学者明确地将哲学的、政治的或社会的理论构建在不同的观念之上。这些学者对人类的道德和精神本质的看法差异巨大，相应地，其知识和制度的概念也必然不同。社会的因果关系以不同的方式被构想出来——无论是机制还是结果都是不同的。时代以及附属于该时代的现象——比如传统、契约、经济投机——在以不同观念为基础的理论中也被认为是非常不同的。作为所有理论的一部分的抽象概念，某些观念的追随者会认为它们是真实的，但对立观念的追随者则认为没那么真实。最终，相较于其他观念的追随者而言，某种观念的追随者赋予自己的道德角色截然不同。这些冲突中的观念所派生的影响延伸至经济、司法、军事、哲学乃至政治决策之中。

追踪纷纷扰扰的社会观念带来的所有后果是一个不可能完成的任务，本书也无意于此。下面的讨论会把这些观念归为两大类——有限的观念和无限的观念。这种抽象化是为了便于使人理解这两类观念居于一个连续体的两端，并且在程度上存在着差异，而且在现实世界中，每一类观念常常有要素被违和地移植到了其他观念乃至无数的观念组合之中。铺垫到这里，现在就可以讨论这两类观念以及它们各自对人、知识和社会程序的本质的看法了。

人的本质

有限的观念

亚当·斯密描绘了一幅人类的画卷，或许能够帮助我们将有限的观念的本质具体化。在成为著名的经济学家的近20年之前，亚当·斯密在其于1759年以哲学家的身份撰写的《道德情操论》(*The Theory of Moral Sentiments*) 中写道：

> 让我们假定，中国这个伟大帝国连同她的全部亿万居民突然被一场地震吞没，并且让我们来考虑，一个同中国没有任何关系的富有人性的欧洲人在获悉中国发生这个可怕的灾

难时会受到什么影响。我认为，他首先会对这些不幸的人遇难表示深切的悲伤，他会怀着深沉的忧郁想到人类生活的不安定以及人们的全部劳动化为乌有，它们在顷刻之间就这样毁灭掉了。如果他是一个投机商人的话，或许还会推而广之地想到这种灾祸对欧洲的商业和全世界平时的贸易往来所能产生的影响。而一旦完成所有这些精细的推理，一旦充分表达完所有这些高尚的情感，他就会同样悠闲和平静地从事他的生意或追求他的享受，寻求休息和消遣，好像不曾发生过这种不幸的事件。那种可能落到他头上的最小的灾难会引起他某种更为现实的不安。如果明天要失去一个小指，他今晚就会睡不着觉；但是，倘若他从来没有见到过中国的亿万同胞，他就会在知道了他们毁灭的消息后怀着绝对的安全感呼呼大睡，亿万人的毁灭同他自己微不足道的不幸相比，显然是更加无足轻重的事情。① 2

广义而言的人的道德局限性特指人的自私性，斯密既没有对其感到失望也不认为它们需要改变。它们被当作生命内在的事实和人的观念的根本性局限。基本的道德和社会挑战在于在这种限制下充分利用存在的各种可能性，而不是浪费

---

① 译文摘自《道德情操论》，亚当·斯密著，蒋自强、钦北愚、朱钟棣、沈凯璋译，商务印书馆 1997 年版。

精力去尝试改变人性——这种尝试在斯密看来是徒劳且无意义的。比如，即使有那么一点可能使欧洲人痛楚地感受到中国人的全部痛苦的话，这种感同身受也是"完全无用的"。斯密认为，除了使他"痛苦"[3]以外，这种同情对中国人没有任何好处。斯密说："看来，当神使我们承受自己的痛苦时，他认为有此已经足够，因此，不要求我们进一步去分担别人的痛苦，至多鼓励我们致力减轻这些痛苦。"[4]

斯密并不认为人性是某种能够或者应该被改变的东西，他尝试在这种限制条件下找出能够带来人们所希望的道德和社会福利的最有效的方式。斯密探讨道德行为的生产和分配的方式，与他后来探讨的物质产品的生产和分配的方式在很大程度上是一样的。虽然他是一名道德哲学教授，但是他的思考程序已经同一名经济学家一样了。然而，有限的观念绝不仅仅局限于经济学家之中。从政治的角度对有限的观念做出的最好归纳，或许是与斯密同期的政治学家埃德蒙·柏克所谓的"所有人造物的根本缺陷"[5]，即事物的本质之中固有的缺陷。亚历山大·汉密尔顿（Alexander Hamilton）在《联邦党人文集》中也表达了类似的观点：

> 人类的许多制度，甚至是那些最完美的制度，都有缺陷和优异之处——坏的和好的倾向。这来自创制者——

人——的不完美。[6]

回到亚当·斯密的例子。如果每个人的行动（act）都表现得好像自己的小指头比其他上亿的生命更加重要，那么一个社会的运行就显得不人道了。但是，这里的关键词是行动。当我们行动的时候，我们不可能"那么无耻而盲目地偏向自己"[7]，亚当·斯密说，即使那是我们自发的或自然的感情倾向。根据斯密的观点，在实践中，人们时常"为其他人更大的利益而牺牲自己的利益"[8]，但这样做是因为要献身于道德原则、荣誉和高尚的信念，而非因为爱邻人如爱自己。[9]

通过这样的人为干预，人们可能会为了自己的形象或内心需求而被说服去做他本不会为了同伴的利益而去做的事情。简而言之，斯密认为这样的信念是以最低的心理成本完成道德工作的最有效的方式。尽管事实上这是一个道德问题，但斯密的回答在本质上是经济学的一套道德激励体系、一系列权衡，而非通过改变人来获得真正的解决方案。有限的观念的一个标志就是它在权衡中处理问题，而非提供解决方案。

在他后来的经典著作《国富论》中，斯密探讨得更深入。经济为社会带来的利益在很大程度上是由个人无意间造就的，然而也是在竞争的压力和个人收益动机之下系统性地从与市场的互动中生成的。[10]道德情操仅仅对法律的一般框架的塑造来说是必要的，在这一框架中系统性的程序才可以持续下去。

在斯密所设想的有限性下，人可以被诱导为他人创造利益，其原因最终可归结为自我利益，这是另一种对人的理解方式。这不是一种原子式的理论，认为个人的自我利益可加总为社会的利益。相反，经济和社会的功能要求每个个体为他人做事，而这些行动背后的简单"动机"——无论是道德的还是经济的——最终是以自我为中心的。在斯密对道德和经济的分析之中，人们完成工作的动力是激励，而非天性。

无限的观念

18 世纪的书中可能没有哪一本像威廉·葛德文的《政治正义论》那样站在了亚当·斯密的关于人的观念的对立面。这本著作无论是从其命运还是其内容来说都是非凡的。它 1793 年在英格兰一经出版便获得成功，然而不到 10 年，又因英国人对在法国大革命中深受欢迎的理念的敌视而遭到冷遇，尤其是在法国成为其战争敌国之后。到两国长达 20 年的战争在滑铁卢终结之时，葛德文及其著作已退至知识分子生活的边缘，而他随后又因为对雪莱的影响而知名。然而，从 18 世纪"理性的时代"以来，没有一本书像葛德文的论著那样如此清晰、始终如一和系统地阐明了关于人的无限的观念。

在亚当·斯密那里，道德的行为和对社会有益的行为只可能因激励而被唤起，而在威廉·葛德文那里，人的理解力和天性能够有目的地创造社会公益。葛德文认为，利他目的是"美德的本质"[11]，而这种美德又是通向人类幸福的道路。无意中产生的社会公益几乎不值得关注[12]，葛德文关注的是人的无限性。这种观念认为，人能够直接感受到其他人的需求比他自己的需求更重要，因而能始终如一地采取毫无偏私的行动，即使牵涉到了自己或家人的利益。[13]这并不是对大多数人目前的行为方式的经验概括，而是对人类潜力的基本性质的陈述。

按照无限的观念对人性的设想，承认当前以自我为中心的行为并不意味着它是人性的一个永久特征。葛德文说："毫无疑问，相对于他人更高层次的利益，人类还是更看重自己较低层次的利益；但是，这种偏好来自环境因素的组合，而不是我们本性中不变的必然法则。"[14]葛德文看重的是"人今后可能发展成为的样子"，[15]这与柏克的观点相对："我们不能改变人和事物的本质——但是，必须在它们的基础上尽己所能地行动。"[16]

葛德文认为，如果可以直接实现那些斯密通过社会激励间接实现的目标，社会设计的激励措施就是无价值和不必要的权宜之计："如果1000人将会受益，我们就应该想到，相比之下我只是一个原子，并相应地进行推理。"[17]斯密认为人的自私是给定的,而葛德文则认为用来应对自私的激励制度本身就在促进这种自私。应该着力追求的真正的解决之道是:让人们做正确的事,因为它是对的,而不是因为有心理上或经济上的回报——不是因为有人"将自身利益的筹码附加于其上"。[18]

由于对人类尚未发掘的道德潜能持有无限的观念,葛德文不像斯密那样关注在目前的状况下什么是最直接有效的激励措施。真正的目标是更高的社会责任感的长远发展。如果直接有效的激励措施阻碍了长远的发展,它们的收益就是短暂或虚幻的。在葛德文的观念中,"对回报的期望"和"对惩罚的恐惧","本身就是错误的",并且"对思维的改善有害"。[19]葛德文的这种观点得到了马奎斯·孔多塞(Marquis de Condorcet)的支持。后者是同时代无限的观念的另一名典范,他全然拒绝如下理念——"充分利用偏见和邪恶,而不是努力消除或压制它们"。孔多塞追溯了其对手关于人性的观念——他们把"自然人"及其潜能与当下的人混为一谈。这种"错误","被偏见、人为的激情和社会习俗所腐蚀"。[20]

权衡与解决

谨慎——小心地权衡,在有限的和无限的观念中的地位全然不同。在有限的观念中,权衡是我们所渴求的一切,谨慎是最高的义务。埃德蒙·柏克称其为"所有美德之首"。[21]"没有什么是好的,"柏克说,"只是比例和参照物不同罢了。"[22]简单来说,这就是一种权衡。相比之下,在无限的观念中,道德改善没有固定的限制,谨慎的重要性较低。葛德文对于"那些道德家"——可以想象得到,这里指的是斯密——来说几乎没有用处。"他们只想用不带感情的谨慎行事和唯利是图的自利考量刺激人们行善",而不是试图激发"我们本性中慷慨而宽宏的柔情"。[23]

无限的观念中暗含着这种理念,即潜能与实际情况非常不同,这意味着存在能够开发潜能的手段,这种手段或被发明或被发现并以此来改善人性,以至于人们将出于正确的原因做正确的事情,而不是为了不可告人的精神或经济回报。孔多塞表达了一种类似的观念。他宣称,人最终能"通过一种自然的倾向担负起责任,而现在担负起这些责任需要耗费精力并做出牺牲"。[24]因此,一个解决方案能够取代无关紧要的权衡。

简而言之,人是"能够完美的"——这意味着可以不断改善,而非在实际上达到绝对的完美。尽管不能为这一程序"设限",[25]葛德文认为,"我们却能够越来越接近"。[26]对于他来说,人毋庸置疑"在公正和美德方面有着出众的能力"[27]——不仅仅是孤立的个人,也包括"整个人类"。[28]必须努力"唤醒人类沉睡的美德"。[29] 而奖励当前的行为与这一目标背道而驰。

孔多塞也得出了类似的结论。"人类至臻完美的能力,"他说,"确实是无限的。"[30] "人类思想的进步"是孔多塞反复提及的主题。[31] 他承认"人的智力是有限的"[32],没有人能够在度量或分析中知晓"自然的所有事实"或者"掌握最精密的手段"。[33] 但是,根据孔多塞的观点,尽管人类的思维能力最终存在限制,但是没人能具体说明这个限制是什么。他对洛克"竟敢为人类的理解力设限"感到愤慨。[34] 作为数学的信徒,孔多塞认为至臻完美的能力类似于对一个数学极限的无限趋近。[35]

尽管在过去几个世纪中,人们已渐渐不再使用"至臻完美的能力"这个词,但是这个概念仍然存在,而且在很大程度上未做任何修改地保留到现在。对于当代许多思想家来说,"人类是高度可塑之材"[36] 这一观念依然居于其理论核心。这些思想家都持有无限的观念。"解决"(solution)这个概念依然是这一观念的核心。不再有必要进行权衡时,问题就得到了解决,即使为了找到这个解决方案曾经付出了代价。所谓解决,实际上就是为了证明最初的牺牲或过渡性的条件是正当的,否则,它们的存在会让人难以接受。比如,孔多塞预期最终"每个人的利益与所有人的利益将调和统一"——因此"通往美德的道路不再艰辛"。³⁷ 人可以在对社会有益的处置的影响下行事，而不是简单地对未被言明的激励做出反应。

社会道德和社会因果关系

葛德文把人的行为分为有益的和有害的两种，它们又分别分为有意的和无意的两种。有意创造有益物叫作"美德"³⁸，有意创造有害物叫作"邪恶"³⁹，无意创造有害物叫作"疏忽"，它是邪恶的一个次生种类。⁴⁰ 上述界定如下图所示：

	有益的	有害的
有意的	美德	邪恶
无意的		疏忽

空缺的一栏表示无意创造有益物。葛德文的分类中缺失的，正是亚当·斯密整个观念的核心，正如他在其经典之作《国富论》中揭示出来的那样。根据斯密的观点，资本家创造的社会经济利益不是"他们有意为之"。⁴¹ 斯密将资本家的意图概括为"吝啬而贪得无厌"⁴²，而资本家这个群体被称为这样一些人，他们"即使是为了消遣或娱乐也很少聚在一起，但即便是谈话，也总是以欺瞒公众或设法抬高价格作结"。⁴³ 然而，尽管亚当·斯密一再对资本家做出负面描述⁴⁴——这一点在卡尔·马克思之前的经济学家中无人能及，但他仍然

是自由放任资本主义的保护神。在葛德文无限的观念中至关重要的意愿,在斯密有限的观念中却无关紧要。对斯密来说,重要的是竞争性经济的系统性特征。斯密认为从道德败坏的个人意图中会产生社会公益。

亚当·斯密和威廉·葛德文一直被当作格外清醒和坦率的作家而被引证,但他们分别支持两种对立的观念,并且各自属于两个巨大的传统,这两个传统至今仍然强大,并在争夺统治地位。即使是在他们那个时代,斯密和葛德文各自也都有许多持有类似观念的知识分子同胞,他们以不同的方式表达,在细节和程度方面也有所不同。埃德蒙·柏克1790年的《法国革命论》可能是有限的观念最具争议的应用。托马斯·潘恩做出同样具有争论性的回应——《人的权利》(1791),它在许多方面都预示着两年后葛德文将会对无限的观念展开更加系统的阐释。

葛德文认为卢梭"第一个指出了政府的不完善是人类邪恶的唯一持续来源"。[45]在所有认为人性的基础并非固有地受限于其当前缺陷,而是被社会制度狭隘化和腐蚀了的人中,卢梭肯定是最有名的。孔多塞和霍尔巴赫男爵(Baron D'Holbach)以及那个时代的其他人也持有这一观念。在19世纪,约翰·斯图亚特·密尔说,"当今无用而令人讨厌的教育"和"无用而令人讨厌的安排"对人类获得普遍幸福而言是"唯一真正的障碍"。[46]密尔最响亮的言辞反映了他的无限的观念,尽管他在许多领域中的折中主义使他把一些与有限的观念更一致的破坏性的限制条件吸纳了进来。[47]

19世纪和20世纪的自由主义(美国意义上的),大部分建立在这些基础之上,并经过不同程度的改编应用到教育、战争和刑事正义等不同领域。正如我们将认识到的,马克思主义是一种特殊的混合,对大部分历史运用的是有限的观念,而对大部分未来运用的是无限的观念。

当哈罗德·拉斯基(Harold Laski)说"不满"是一种"政治机体中严重病变的表达"时,[48]他表达的是无限的观念的本质:无论是人类还是自然界都不存在令人气馁的固有限制,因此现存的制度、传统或规则必须对不满负责。与之相对,当马尔萨斯把人类的悲惨归因于"人性中固有的、绝对独立于所有人类法规的法则"的时候,[49]他表达的是有限的观念的一种最极端的形式,其中自然界和人类都存在固有的限制。

葛德文把无限的观念运用到自然界和人类,并以此回应马尔萨斯,这并不令人感到惊奇。"人类来到这个世界上,在每一个有土地耕种的国家,每个人都有生产超过他所能消费的食物的自然能力,这种能力无法控制,只会被人类制度所伤害。"[50]考虑到人类和自然界无限的可能性,贫穷或者其他不满就只能源于恶意，或对改变现存制度的唾手可得的解决方案的视而不见。

相反，柏克认为，抱怨我们的时代和统治者，是"人性普遍的弱点"的一部分，"真正的政治领袖"要能将这些持续的抱怨与真正能指示具体弊端的指标区分开来。[51] 霍布斯走得更远，他认为恰恰是人们处于"舒适"状态时，政治上的麻烦才最大。[52]

自然界的限制，其本身的重要性在很大程度上是由人性的限制体现的。比如，对食物的需求这一固有的自然限制，只有在人类繁殖到难以满足不断增长的人口的生存需求时，才成为一个现实的社会问题。因此，在马尔萨斯的理论中，自然限制成为一个重要的社会问题，仅仅是因为人的有限性将不可避免地使地球上的人口增加到难以满足自身生存需求的数量。但是，欣然承认自然限制的葛德文，对人性的看法却截然不同，他认为人不会无谓地过度繁殖。因此，葛德文并不关心人口几何式增长的可能性，因为"人有可能不吃东西，尽管现实中的人要吃"[53]。

另外，马尔萨斯认为人口过多并非未来的一种抽象的可能性，而是一种已显现的具体现实。根据马尔萨斯的观点，"人的数量超过其生存手段的时期早已到来——这种情况人类有史以来就一直存在，目前确实存在并将永远存在下去。"[54] 在有限的观念中，要构想一个比它更绝对的陈述很难。马尔萨斯与葛德文的不同之处并不在于自然事实——对食物的需求——而在于行为理论。他们的行为理论建立在对人性截然不同的理解之上。大多数信奉无限的观念的人也承认死亡，比如认为死亡是自然的一种内在限制（尽管葛德文和孔多塞并不排除最终战胜死亡的可能性），但他们并不把这当作一种对人类社会发展的限制，因为尽管个人会死亡，人类会继续存活下去。

持有限的和无限的观念的人以完全不同的方式看待世界上的大恶，比如战争、贫困和犯罪。如果人类的选择在本质上不是有限的，那么，这种令人厌恶的灾难性现象就迫切地需要解释和解决。但是，如果人自身的局限性和激情就是这些灾难性现象的本质，那么，需要弄清的就是消除或使它们最小化的方式。在持无限的观念的人们探寻战争、贫困和犯罪的具体原因之时，持有限的观念的人们却在探寻和平、富裕或遵纪守法的社会的具体原因。在无限的观念中，社会弊端没有理由难以解决，因此，只要有充分的道德约束，就没有任何理由说这些问题解决不了。但是，在有限的观念中，无论采取什么手段抑制或改善人类天性中固有的恶，其本身都是有成本的，有的成本会以被这些文明制度创造出来的社会弊端的形式出现，因此，所有的可能都必须谨慎地权衡。

18世纪两场伟大的革命——法国大革命和美国革命——可以视为对这两种观念的运用,尽管不论在什么时候,把复杂的历史事件的血肉之躯与只有骨架的理论模型相比较,都需要进行必要的保留。法国大革命更清晰地反映了人的无限的观念,该观念主导了革命领导人的思想。美国革命的知识分子基础更加五花八门,托马斯·潘恩和托马斯·杰斐逊等人的思维方式在许多方面与法国大革命的参与者相似,然而对美国宪法产生支配性影响的,是经典的关于人的有限的观念,这种观念在《联邦党人文集》中得以表达。当罗伯斯庇尔望向革命流血的终点的时候,"当所有的人民都平等地献身于他们的国家和法律的时候"[55],亚历山大·汉密尔顿在《联邦党人文集》中认为,个人行动"不受与公共利益无关的思考的影响"的想法,更像是一种"热切的愿望而非严肃的期待"。[56] 罗伯斯庇尔寻求的是解决,而汉密尔顿追求的是权衡。

美国宪法精心设计的制衡清晰地反映了这种观点,即没有人在任何时候都受到完全的信任并因此获得授权。这和法国大革命形成了鲜明的对比:法国大革命授予那些打着"人民"的旗号发表言论、表达卢梭式"公意"的人以包括生杀予夺的权力在内的广泛权力。即使对特定领导人极度不满并将其废黜或处决,持有这种观念的人也不会在实质上改变他们的政治体制或者信仰——认为邪恶只局限在背叛革命的个人身上。

《联邦党人文集》的作者们相当清楚，他们所支持的制衡宪法，背后依据的是何种观念：

> 这或许是对人性的一种反思，这种设计对于限制政府滥用权力是必要的。但是，除了是对人性最伟大的反思，政府本身究竟是什么？[57]

对联邦党人来说，邪恶是人类与生俱来的，制度仅仅是试图应对邪恶的方式。亚当·斯密同样认为政府是对人类缺乏"智慧和美德"的"一种不完美的补救措施"。[58]《联邦党人文集》写道：

> 究竟为什么要建立政府？因为人的激情在没有约束的情况下是不会符合理性和正义的要求的。[59]

对不持有这种有限的观念的人来说，设计精巧的整个宪政制衡体制是一种不必要的复杂之举和障碍。孔多塞谴责这种"制衡"，因为它创造了一个"过于复杂的"并且"压在人民身上"的政治机器。[60]他认为社会没有必要在"对立的权力之间摇摆"[61]或被宪法制衡的"惯性"拖住。[62]

有限的观念是对人类境况的悲剧性看法。无限的观念是关于人类意愿的道德性愿景，它被认为是最终起到决定性作用的东西。无限的观念推动人们去追求最高的理想和最好的解决方案。相比之下，有限的观念则认为"最好"恰恰是善的敌人——妄图达到无法实现的境界不仅被认为是徒劳的，而且往往适得其反，而同样的努力本可以做出更可行、更有益的权衡。亚当·斯密不仅将这种推理运用到经济学中，还运用到道德哲学和政治学中。根据斯密的观点，谨慎的改革家尊重"人们根深蒂固的习惯和偏见"，如果不能确立正确的东西，"他不会不屑于改善错误的现实"。他的目标不是创造理想的东西，而是"给出人们所能承受的最好的东西"。[63]

但是，在表达无限的观念的同时，孔多塞反对以下类似观点：法律应该"随着气温的变化而变化并且适应政府的形式、迷信活动甚至是每个民族的愚昧行为……"。[64]因此，他认为法国大革命优于美国革命，因为"法国宪法和法律所依据的原则更加纯粹"，而且允许"人民行使他们的主权"而不受限制。[65]与此相关的问题是，一个社会的制度是否能移植到另外一个社会，或者更好的社会的蓝图是否能运用到迥然不同的国家。杰里米·边沁（Jeremy Bentham）能够有此盛名，是因为他提出了运用于完全不同的社会的具体改革措施和一般性原则。然而，对汉密尔顿来说，"在费城是好的东西，在巴黎可能是坏的，在彼得堡也可能是荒谬的"。[66] 这些结论中的每一个都符合其各自的观念。

有限的观念认为人性在不同的年龄和世界各地本质上都是不变的，在特定社会中反映人类需求的特定文化表达并不会因强制的干预而发生快速且有益的变化。相比较而言，持无限的观念的人倾向于认为人性会发生有益的变化，并且他们还认为社会习俗是过去留下的可消耗的东西。

在有限的观念中，理想需要与实现它们的成本相权衡。但在无限的观念中，接近理想的每一步应该都是更可取的。要付出成本固然令人遗憾，但这绝不是决定性的。托马斯·杰斐逊对那些因为有无辜者丧命而反对法国大革命的人的回应便是这一观念的典型：

> 我自己的感情已被这场事业的一些烈士深深地伤害了，但与让它失败相比，我宁愿看到半个地球荒无人烟。[67]

追求社会正义与程序成本无关的信念，没有人能够表达得比这更加清晰明确的了。然而，杰斐逊最终还是转而反对法国大革命，因为革命中人的成本超出了他所能继续接受的范围。杰斐逊并不是彻底的或不可逆转的无限的观念的持有者。

程序成本的相对重要性在过去几个世纪中一直在区分着有限的和无限的观念。现代法律技术的捍卫者允许罪犯逃脱惩罚，他们宣称："这是我们为自由所付出的代价。"革命的捍卫者宣称："你不可能不打碎鸡蛋就做出鸡蛋饼。"他们都是无限的观念的当代典型，该观念一直认为程序成本是第二位的。这个哲学光谱的另一端是那些在本质上重复亚当·斯密关于程序成本的观点的人："社会的和平与秩序甚至比缓解苦难更加重要。"[68] 理想和实现理想的成本之间的持续斗争仅仅是当前观念冲突的一部分。

总结与启示

观念最终取决于对人的本质的某种感觉——不仅仅是人既有的实践，也包括人最终的潜能和局限。认为人性的潜能远远超出了当前表现的人，他们所持有的观念与认为人是悲剧性的有限生物的人截然不同，后者认为人类自私和危险的冲动只能通过社会设计才能限制，而这些设计自身又会产生不受欢迎的副作用。威廉·葛德文和亚当·斯密分别是这两种社会观念——无限的和有限的观念——最清晰也是最相符的典型代表。然而，对于这两个有着漫长传统的社会思想来说，他们既不是第一人也不是最后一人。

当卢梭说人"生而自由",却"无往不在枷锁之中"[69]的时候,他表达了无限的观念的本质,其中的根本问题既不是自然,也不是人类,而是制度。根据卢梭的观点,"人不是天生相互为敌的",[70]霍布斯在《利维坦》(*Leviathan*)中提出了截然相反的观点:政治制度的武装力量是防止每个人对所有人的战争的唯一手段[71],否则在自然状态下人与人相互为敌,生活会"孤独、贫困、卑污、残忍而短暂"。[72]尽管孔多塞的无限的观念引导他去追求一个个人"自然倾向"与社会公益相一致的社会;[73]但是哈耶克的有限的观念引导他得出这样的结论:"自由社会不可或缺的规则要求我们做许多不愉快的事情。"[74]也就是说,人的本性本来就不能与社会公益相一致,而必须刻意服从于社会公益,尽管这会产生不愉快。

既然在无限的观念中人类的能力更大,在背后引导这些能力的意愿就显得尤为重要。围绕意愿的词汇和概念——"真诚""承诺""奉献"——几个世纪以来一直是无限的观念框架下讨论的核心内容,这种观念追求的政策,也常常以预期的目标来描述,比如"自由、平等、博爱""停止人对人的剥削"或"社会正义"。但是在有限的观念中,人类直接完善其意愿的能力非常有限,意愿的意义更有限。柏克曾提到"人类缺陷的有益影响"以及"最无可置疑的美德的恶果"。[75]亚当·斯密的整个自由放任经济学暗示了意愿和结果之间缺乏对应关系，因为资本主义的系统性收益并不是资本家意愿的一部分。

在有限的观念中，社会进程不是根据意愿或者最终的目标来描述的，而是以被认为有助于实现这些目标的系统特征来描述的，比如"财产权""自由企业"或者宪法的"精确构建"。这两种观念不仅是目标不同，更根本的是对这些目标与不同事物的联系的看法不同。无限的观念直接表达了所期望的结果，有限的观念对此并没有直接言明，它表达了被认为有助于实现期望结果的程序特征，其中诸多不愉快的副作用作为权衡的一部分而被接受。

在某个时期，社会思想家之间存在着复杂的差异，随着时间的推移更是如此，但无论如何我们都能够厘清有关人性和社会因果关系的关键假设，正是这些假设将一些人划分到有限的观念的阵营，而将其他人划分到无限的观念的阵营。尽管这种划分并不能将所有社会理论家囊括在内，但也涵盖了许多重要的人物和过去两个世纪持续的意识形态冲突。

纵观无限的观念的传统，它相信愚蠢或者不道德的选择能够解释世界上的邪恶，相信更明智、更道德和更人道的社会政策就是解决办法。威廉·葛德文在其《政治正义论》中对这种无限的观念的详尽阐述对从18世纪的无数思想家——让-雅克·卢梭、伏尔泰、孔多塞、托马斯·潘恩和霍尔巴赫是其中著名的代表——身上发现的观念进行了总结和系统化。这种方法在19世纪由圣西门（Saint-Simon）、罗伯特·欧文（Robert Owen）、萧伯纳（George Bernard Shaw）和其他费边主义者以各自不同的方式得以发扬。到了20世纪，它能在哈罗德·拉斯基这样的政治理论家，托斯丹·凡勃伦（Thorstein Veblen）和约翰·肯尼思·加尔布雷思这样的经济学家，以及倡导司法能动主义的整个学派中找到回声，这个学派的代表人物是理论方面的罗纳德·德沃金（Ronald Dworkin）和实践方面的厄尔·沃伦（Earl Warren）。

相比之下，考虑到人类固有的道德和知识局限性，有限的观念认为世界上的罪恶源自有限的和不愉快的选择。因此，他们依靠特定社会程序的系统性特征，比如道德传统、市场或家庭改善罪恶并促进进步。他们认为这些程序是演化出来的而非设计好的——它们依靠社会互动的一般模式，而不是用特定政策让特定个人或群体直接得到特定结果。这种在亚当·斯密那里发现的关于人类能力的有限的观念也能在其他一系列社会思想家那里发现，从17世纪的托马斯·霍布斯，到斯密同时代的埃德蒙·柏克和《联邦党人文集》的作者们，再到法律领域的奥利弗·温德尔·霍姆斯（Oliver Wendell Holmes）、经济学领域的米尔顿·弗里德曼和一般社会理论领域中的弗里德里希·A.哈耶克等20世纪的人物。

并非所有的社会思想家都符合这种二分法，比如约翰·斯图亚特·密尔和卡尔·马克思就不行，并且原因截然不同，我们将在第5章中阐述这一点。其他一些人在两种观念之间采取中间立场，或者是从一种观念转变到另外一种观念。目前，观念的冲突仍在延续，因为人们尚未选定立场或者不可逆转地做出承诺。

尽管做了必要的提醒，但这依然是一个重要且引人注目的现象，即人们对人性的最初理解，与界定社会观念的知识、道德、权力、时间、理性、战争、自由和法律的整体概念高度关联。这些相关性将在随后的章节中加以探讨。

由于各种信仰、理论和社会思想体系分布在一个连续体（甚至是一个多维连续体）上，在某种意义上，用较少的有限的观念和较多的有限的观念取代这里的二分法可能更加合适。然而，二分法不仅更加方便，而且也抓住了差异的重点。事实上，没有人相信人类是百分之百无限的，也没有人相信人类是百分之百有限的。把某位思想家置于一种而不是另外一种观念的传统之中，不仅要看他是更多地提及人类的限制还是更多地提及人类未开发的潜能，而且要看限制是否或在多大程度上被纳入特定理论的构成和运行中。在理论中把这些限制作为核心特征的人，持有的是有限的观念；没有把这些限制作为分析的组成部分或核心部分的人，持有的是无限的观念。根据定义，每一种观念都会遗漏一些东西——事实上会遗漏大多数东西。有限的和无限的观念这种二分法基于人类固有的局限性是不是观念中的关键因素来决定的。

这种二分法在另一种意义上也是合理的。这些认识人类和世界的不同方式，引发了不同的结论甚至是尖锐的分歧，并在从正义到战争的一系列议题上得出了截然相反的结论。这不仅仅是观念的差异，更是观念的冲突。

第 3 章

知识和理性的观念

有限的和无限的观念往往在知识的定义、数量、集中或分布,以及知识在社会进程中的作用方面有所不同。同样,理性在两种观念中的意义也完全不同。

知识的流通

有限的观念

在有限的观念中,任何个体自身的知识远不足以应对社会决策,甚至不足以应对个人的决定。一个复杂的社会和它的进步之所以是可能的,只不过是因为存在大量的社会安排能从大量的同时代人甚至过去几代的先贤那里继承和整合知识。有限的观念认为知识是占主导地位的经验——其社会传播在很大程度上是以难以言喻的形式完成的，从指示成本、稀缺性和偏好的价格，到从每一代人的日常经验中演化而来的传统，有效的经验在达尔文式的竞争中被筛选出来。弗里德里希·A.哈耶克在以下言论中表达了这种观点：

> 只有把知识解释为人类在适应环境的过程中所吸收的过去的经验，知识的增长和文明的增长才是同一回事。在此种意义上，不是所有的知识都是我们智力的构成部分，我们的智力也不是我们知识的全部。我们的习惯和技能、我们的情感态度、我们的工具和我们的制度——所有的一切都是对过去的经验的适应，并通过选择性地消除不合时宜的行为得以增长。它们既是成功的行动必不可少的基础，也是我们有意识的知识必不可少的基础。[1]

在这种观念中，不仅仅是个人从无效的经验中理性地选择有效的经验，更根本的是，制度和社会的竞争导致了更加有效的文化特征集合普遍存活下来，即便赢家和输家都不能理性地理解这一套或另一套文化特征集合的优缺点。在部落层面上有效的价值观可能会被能够凝聚更多人的价值观所压倒。从这个角度看,"人类在不理解为什么正确的情况下,当然也会更经常地学会做正确的事情,他这样做更多的是受到习俗而非理解的驱使"。所以,"更多的'智慧'被吸纳进行为的规则体系中,而不是被吸纳进人类对其周围情况的思考之中"。[2]

因此,知识是许多人的社会经验,它体现在行为、态度和习惯中,而不是体现在少数人清晰表达出来的理性(reason)中,尽管少数人可能既有才干又有天赋。根据汉密尔顿的观点,当知识被视为社会经验而非孤立的发明时,知识"只有极小部分是在密室里获得的"。[3]

用柏克的话说:"我们担心人们根据自己私人的理性储备来生活和交易,因为我们怀疑每个人的这种储备是很小的,个人最好能利用民族和时代的一般银行和资本。"[4] 柏克所说的理性,并不仅仅指个人的书面文字,也指各民族的整体经验,这种经验体现为文化和行为中的感情、礼节,甚至是偏见。这些知识的文化精粹并不被认为是绝对可靠或一成不变的——它应该是一种解决而不是权衡——它作为经过检验的有效的经验实体,只有在最谨慎,甚至是不情愿的审查之后才会发生变化。柏克认为,我们应该像对待父亲的伤口一样,战战兢兢地对待社会秩序的缺陷。[5] 这些缺陷不能被忽视,但它们既没有被试验检验,也不是仓促灵感的产物。不管怎样,如果没有进行检验,就不可能有演化,因而对传统和长期制度的信心也就没有根基,而这种信心正是柏克和在不同程度上持有限的观念的人的一个标志。

有限的观念的权衡观认为,缺陷是不可避免的,因此它本身并不是变革的理由,除非它的重要性可以弥补变革所带来的不可避免的代价。"保持我的原则不动摇,"柏克说,"我把我的行动留给理性。"[6] 在另外的场合,他说:"我必须忍受那些缺陷,直到它们恶化为犯罪。"[7] 柏克不仅在口头上褒扬不带感情的变革,而且他对沃伦·黑斯廷斯治理印度时的不当行为的无情起诉、在议会支持反叛的美洲殖民地实现自由的不受欢迎的立场,以及反对奴隶制的建议,都清晰地表明了他的观点。[8] 亚当·斯密同样敦促解放美洲殖民地以及其他殖民地,此外他还建议进行若干国内改革并反对奴隶制。[9] 在美国,写下《联邦党人文集》的人——亚历山大·汉密尔顿、詹姆斯·麦迪逊(James Madison)和约翰·杰伊(John Jay)——第一次获得公众注意是作为反叛英国统治的领导者。有限的观念不是接受现状(或伪装)的同义词。

无限的观念

无限的观念对人类的知识及理性运用没有诸如上述的限制性观点。正如托马斯·潘恩在那个时代的名著的标题中所传达的那样，正是 18 世纪无限的观念的代表人物创造了"理性的时代"。理性在他们观念中至高无上的地位与经验在有限的观念中至高无上的地位是一样的。葛德文认为，与理性相比，或者说与"有教养的头脑普遍具有的力量"相比，经验的价值被大大地高估了——用他的话来说是"被不理性地夸大了"。[10] 因此，葛德文认为多年积累的知识在很大程度上是一种无知的幻觉。一种信仰或者实践，其时间的长短并不能让它免受以术语清晰表达出来的严格的有效性检验。用葛德文的话来说："我们必须用理性的标准检验一切事物。"他补充道：

> 没有什么仅仅因为它历史悠久，因为我们已经习惯尊敬它的神圣性或者因为质疑它的有效性会被认为不正常，而必须被保持下去。[11]

类似地，孔多塞认为，"具有时间印记的每一件事物都必定激发不信任而不是尊敬"。[12] "只有通过沉思"，孔多塞说，"我们才能获得人类科学中的任何一般性真理。"[13]

考虑到"有教养的头脑"有能力将理性直接运用于周遭的现实，我们没有必要遵从有限的观念中没有被清晰表达出来的系统程序，比如过去的集体智慧。葛德文认为："集体智慧是最显眼的骗局。"[14] 有效性检验并不是间接的、集体的和系统的,而是直接的、个体的和有目的的。检验有效性的模式是清晰表达出来的理性,而不是建立在实用主义经验之上的普遍接受。根据葛德文的看法,"观点和意见狭隘的人"容易接受社会中碰巧流行的事物。[15] 因此,这不是决定议题的方法。

无限的观念中暗示了"观点狭隘的人"和"有教养的头脑"所得出的结论之间存在深刻的不平等。由此可见,进步包括将前者的水平提高到后者的水平。根据葛德文的观点:

> 真正的智力提高要求把思想尽可能快地提高到社会中开明成员已有的知识高度,并从此开始追求新知。[16]

无限的观念中也隐含着这种观点:重要的比较是一种类型的人和另一种类型的人之间的信念的比较——在 x 和 y 之间,而不是在下列两者之间:(1)系统程序通过从 a 到 x 连续几代的个体发挥的作用,并通过当下的 x 代人表达出来;(2)单单 y 这一代人清晰表达的理性。对集体智慧概念的拒绝,使个人比较作为判断的标准。既然从 a 到 w 代人的经验不再有价值,议题就还原为比较 x 清晰表达出来的理性与 y 清晰表达出来的理性。因此,无限的观念必然赞同"有教养的头脑"y，而有限的观念必然支持通过 x 之口表达出来的观点，这些观点被认为代表了许多其他人（从 a 到 w 代人）没有清晰表达出来的经验。这两种观念因此会得出相反的结论，即哪种观点应该通行于世，以及为什么。

柏克清楚地认识到自己的角色是 x 而不是 y：

> 我向您保证我并不想标新立异。我告诉您的乃从古至今在我们这里为人所接受的见解，它持续受到普遍的赞同；而且它们确实影响到我的思想深处，以致我甚至无法辨别哪些是我从别人那里所学到的，哪些又是我自己思考的结果。①17

柏克所指的知识或者理解，可以被理解为他参与的共同基金。葛德文所指的则是"有教养的头脑"所具有的知识和理解，这种知识，就其性质而言，集中于少数人，而不是分散于许多人。两种观念对知识的含义的理解的确也是不一样的，这也就是为什么在两种观念中知识的分布归属是如此不同。在有限的观念中，知识是经验的多样性，它太过复杂，难以清晰地表达出来，它是若干代人在文化进程的特征中提炼出来的，深入人心，几乎成为无意识的反射——被广泛地

---

① 译文选自《法国革命论》，柏克著，何兆武、许振洲、彭刚译，商务印书馆 2010 版。

共享。用柏克的话来说,这是"没有反思的智慧"。[18]

没有反思的智慧对无限的观念来说是无关紧要的。在无限的观念中,人类既有能力也有义务使用明晰的理性应对所有的议题。"理性,"葛德文认为,"是管制人类行动的恰当而充分的工具。"[19] 激情和偏见可能存在,但"有了运用理性的能力,我们不可能不因此而战胜我们错误的倾向"。[20]

考虑到清晰表述的知识是特殊和集中的,在无限的观念中,社会活动的最佳行为取决于少数人用于引导多数人行为的特定知识。按照葛德文的观点,需要把"社会的正义观"灌输给社会中"自由地受教育和反思的成员",这些人反过来又将成为"人民的向导和导师"。[21] 这种看法对葛德文来说并不新奇,但却一直是无限的观念的核心和经久不衰的主题。随之而来的,是知识分子作为无私的顾问的观点。伏尔泰宣称:"哲学家并没有特别的利益需要维护,只能为理性和公共利益大声疾呼。"[22] 孔多塞同样写道:"真正有见识的哲学家,是没有野心的人。"[23] 卢梭认为:"由最聪明的人管理众人是最好和最自然的安排。"[24] 即使非知识分子掌控着实际的政府机器,根据达朗贝尔的观点,"只有在治理者与指导者达成一致时,一个国家的最大幸福才会实现"。[25]

这些 18 世纪的主题在 19 世纪至少以同样的力度被约翰·斯图亚特·密尔复述。对密尔来说,"国家中最有教养的知识分子"[26]"思考着的头脑"[27]"最好的和最聪明的人"[28]"真正优秀的知识分子和人物"[29]可以发挥特殊的作用。"如果优秀的精神能够相互结合"[30]，如果大学能创造出"一连串的思想者，他们不是时代的产物，但能够成为时代的改进者和更新者"[31]，很多事情就都可以完成。类似的解决方案在今天依然常见。简而言之，"思考着的头脑"或者"最好的和最聪明的人"的特殊作用若干世纪以来一直是无限的观念的核心主题。

然而，对于持有限的观念的人来说，知识分子在社会运行中的特殊角色长期以来一直是很危险的。用柏克的话来说：

> 假如学术不曾被野心所败坏，而是始终满足于只是做一个教导者而不想做主人，那会是多么幸福啊！①[32]

约翰·伦道夫（John Randolph）同样很反感"大学中的教授转变为政治家"[33]。同样，霍布斯认为大学是时髦但无足轻重的词语盛行的地方[34]，而且"无比荒谬的东西都可能在哲学家的书中找到"[35]。

有限的观念的持有者认为，主要的危险在于知识分子

---

① 译文选自《法国革命论》，柏克著，何兆武、许振洲、彭刚译，商务印书馆2010版。

对什么构成了知识和智慧的狭隘看法。用柏克的话来说，他们正"试图把对理智、学识和品位的赞誉限制在自己或自己的追随者身上"，并"对他人口诛笔伐"。[36] 亚当·斯密提到教条主义的"系统中的人"，他们"自以为聪明"，"似乎认为自己可以像手在棋盘上排列棋子一样轻易地安排一个大社会的成员"。[37] 斯密对哲学王的整个概念感到厌恶，他宣称："在所有的政治投机者中，至高无上的国王是迄今为止最危险的。"[38]

在人类理解力的巨大光谱上的某个狭窄切片中，专家的优势没有被否定。被否定的是被赋予了一种普遍优越性的专门知识，说这些专门知识应该取代更为广泛传播的各种知识。哈耶克说："可以承认，就科学知识而言，一群被恰当选择的专家可能处于掌握所有现有最佳知识的最佳位置。"但是，他又补充道，在涉及其他类型的知识时，"实际上每个人都比其他人有一些优势，因为他拥有独特的信息，并可能做出有益的运用，但是这些信息只有在决策是由他做出或在他的积极配合下做出时才会有用"。[39] 由于知识被认为既零散又分布广泛，所以多数人的系统性协调取代了少数人的特殊智慧。

这种系统性协调既不是计划好的，也不是由智慧的少数人强加的。用 18 世纪一名重农主义者的话来说，它是一种演化出来的自然秩序。[40] 正是这些重农主义者创造了自由放任这

种说法。类似的推理在亚当·斯密那里也能找到,他是这个学说最著名的倡导者:

> 如果政治家企图指导私人应如何运用他们的资本,那不但是自寻烦恼,而且是沽名钓誉,想要得到一种权力,一种不能放心地委托给任何人,也不能放心地委托于任何委员会或参议院的权力。把这种权力交给一个大言不惭而又自认为有资格行使权力的人,是再危险不过的了。[①][41]

市场仅仅是许多演化出来的决策系统程序中的一个。家庭、语言和传统也属于此列。有限的观念的信徒非常依赖这些程序以做出比任何特定个人所能做出的决策更好,无论与其他个人相比,他们多么有才华或知识多么渊博。

简而言之,从一个特定个人能在多大程度上知道和理解不同的概念出发,有限的和无限的观念就下列问题得出了相反的结论,即最好的社会决策是由拥有最多特定类型的知识的个人做出的,还是由动员和整合了分散在许多人中的知识的系统性程序做出的,即便这些知识在具体个人身上并不引人注目。

---

① 译文选自《国富论》,亚当·斯密著,唐日松等译,华夏出版社2005年版。

清晰表达的理性与系统性的理性

清晰具体地表达出来的理性的力量是无限的观念的核心。没有清晰表达出来却可以动员和协调知识的社会程序的力量是有限的观念的核心。

在无限的观念中，没有"明确的理由"的行为就是根据"偏爱和偏见"行事。[42] 葛德文认为："讨论是通向发现和证明的道路。"[43] "语言的精确性是完备的知识必不可缺的前提条件"[44]，在葛德文的观念中，知识与清晰表达出来的理性是同义词。当人们必须"公开他们的行为，并说明他们的行为所依据的理由时，美德就会得到提升"。[45] 如果我们能够"根据每一种能力清晰地规定相应的正义水平，"葛德文说，"我们就可以期望整个物种变得有理性、有道德。"[46] 对孔多塞来说也是如此，任务是"使几乎所有的人都知道那些严格和无瑕疵的正义原则"。[47]

理性至少有两种非常不同的含义。一种含义是因果关系：为什么水冻成冰时会膨胀，这是有原因的，即使我们大多数人不是物理学家，不知道原因——曾经也没有人知道原因。另一种含义是清晰表达出来的具体因果关系或逻辑，也就是个人或者社会在为自身行为进行辩护时需要满足一定的理性要求。一个人越是认为人类能力和潜能有限，这两种含义之间的差异也就越大。一切事物可能都有原因，然而人类可能无法详细说明它。既然没有理论真正地认为人类能力和潜能完全无限，那么就总有一些人能意识到理性的两种含义之间的差异。

同样，也没有理论认为人类能力和潜能全然受限，以至于人不能理解任何事物，这意味着理性的这两种含义完全不存在重叠。但是，在光谱上，越靠近不受限制的一端，两个概念重叠的部分就越大，这意味着说某种理性存在实际上是说我们能够详细阐述它。无论如何，决策必须在我们能够详细说明的基础之上做出。然而，在靠近光谱受限制的一端，知识和理性对任何给定的个人来说都是未知的，因此必须通过社会程序影响众多决策。在这个程序中，清晰表达出来的理性充其量扮演的是协调的角色。

古典和新古典经济学，特别是奥地利学派经济学，是系统理性这一有限的观念的典型，这些理论认为个体的清晰表达意义不大。在一个自由放任的市场中，正如在这种观念中看到的那样，变动着的价格、工资和利率调节经济，以适应变动着的需求、技术以及演化技能——在这场戏剧中，没有任何演员知道或关心他的个人反应会如何影响整体。它可以被解读为一个与其自身的特征模式和结果相互作用的一般程序——否则就不会有奥地利学派经济学了——但是，不能将之具体化到帮助任何个人或者团体规划或掌控现实的程序。理性是系统性的，不是个体性的——可能存在的个人理性在很大程度上是偶然的，因此，人有多大理性这一问题，在这种观念中没有什么意义。[48]

个人理性和系统理性之间的区别可以在两类宗教学说中找到类似之处：（1）设想神性直接影响自然和人类现象；（2）神赐的系统性程序使生命成为可能，并且对生命有益，不需要神对细节进行监督。[49] 系统性程序无论是世俗的还是宗教的，它们的共同点都是认为个体演员的智慧并不是戏剧的智慧。相反，个体理性也有世俗版本和宗教版本，宗教版本是神直接决定个体事件，从日常天气变化到个人死亡。基要主义宗教是中央计划的扩张版，尽管许多基要主义者可能反对人类的中央计划，认为它是在篡权或者是在"扮演上帝"。这与认为上帝是无限的，而人类是高度有限的基要主义观念并不矛盾。

法 学

除了在经济学和宗教中，这两种观念在法学中也存在冲突。当奥利弗·温德尔·霍姆斯宣称"法律的生命不是逻辑，而是经验"[50] 时，他表达了系统的概念。清晰表达对决策来说不是必不可少的，因为"许多令人尊敬和通情达理的判断"表达了"一种经验的直觉，它超越了分析，将许多未能言明的、纠缠不清的印象都囊括了进来；这种印象可能隐藏在意识之下，但并没有失去其价值"。[51] 霍姆斯认为，法律吸纳了"反映我们自己的生活也反映曾经存在过的所有人的生活的"经验。[52] 认为法律纯粹是一个清晰表达的逻辑程序，这是一种"谬误"，因为尽管"在最广泛的意义上说，法律是一种逻辑发展"，但是，它不能"像数学那样从行为的一般公理中演算出来"。[53] 简而言之，法律的发展逻辑是一种系统的逻辑：

> 我们的法律，就像一个星球的发展那样，已经发展了将近一千年，每一代人都在前行的过程中，思想和物质一样，只服从于自发生长的规律。[54]

然而，约翰·斯图亚特·密尔则认为，法律是制定出来而非演化出来的。有限的观念中历史自发的秩序演化，只不过是"野蛮时代原子偶然的聚合"。[55] 他说：

> 摩西和穆罕默德的法律都是人为制定的，并不是演化而来的，它们的确直接鼓励了宗教信仰；莱克格斯和梭伦的法律也是人为制定的，与迄今发现的任何演化而来的法律一样持久。[56]

在密尔看来，参考法律先例就是在"荒谬地牺牲当下的目的而采用陈旧的手段"。[57]

然而，就像在其他领域一样，密尔的主张被他的附加条件所改变，如果不是被否定的话。密尔认为，"制定"法律的人已经考虑了"人们将要承受的东西"，这是他们"古老的习惯"或"持久而坚定的信念"所带来的，没有这些信念，整个法律系统将无法运转。因此，"人类的默许""取决于某种东西的保留，比如某些机构的存续"，这代表了"相反的利益和期望之间无数次的妥协，没有这些妥协，任何政府都无法维持一年，甚至很难维持一周"。[58]如果把这些附加条件加进来，密尔的立场和初看截然相反的立场相差并不大。换句话说，"所有著名的早期立法者"，正如哈耶克指出的那样，"目的并不是创造新的法律，而只不过是陈述法律是什么，以及法律一直以来是什么"。[59]也就是说，它"在很大程度上是对之前已有的实践的清晰表达"。[60]

相较于密尔，许多现代的法学作家更明确地呈现了无限的观念。比如，罗纳德·德沃金反对这种"愚蠢的信仰，即伦理学和经济学在看不见的手的推动下运转，因此个人权利和普遍利益相一致，并且建立在原则基础上的法律将带领民族进入没有冲突的乌托邦，在那里，每个人的境况都要比他以前的要好"。[61]

不同观念应用于法律，在涉及司法能动主义时得出了相反的结论。德沃金持有的无限的观念要求"一个能动的法院"在宪法的字里行间解读出自己的意思。[62] 无论是他的结论，还是他得出这些结论的方法，都绝非孤例。他所呼吁的"新鲜的道德洞见"[63] 与"将宪法和道德理论相融合"[64] 一直是许多类似呼吁中的一个。[65]

奥利弗·温德尔·霍姆斯的法律概念没有为司法能动主义留下这样的空间：

> 用不一定出自宪法文字的司法解释来束缚立法机构是很危险的。[66]

要遵守的不仅仅是文字，这些文字的原始含义都应该遵守。他拒绝根据宪法第十四修正案宣布"修正案通过之时，众所周知的征税方式"是违宪的。[67] 他后来说："我对第十四修正案范围不断扩大感到不安。"[68] 在另一个案例中，他认为"没有理由对《谢尔曼法》进行超出现有内容的解读"。[69]

正如两种观念之间的其他冲突一样，每一方对问题的表述都非常不同。无限的观念的持有者支持清晰表达的理性，将问题视为同时代的两类人（x 和 y）之间的问题，而持有限的观念的人支持系统性程序，将问题视为今天的 x 群体所代表的连续数代人的经验与同时代的反对者y群体所清晰表达出来的理性之间的对立。

如果持无限的观念的人在一定范围内认可前几代人,他们就将问题视为此前的某代人(比如h代人)与当前的群体y之间的对立。于是问题就被视为活人和死人之间的冲突,在这个冲突中,死人无权统治坟墓之外的事物。[70] 从这个角度看,我们必须用"我们自己理性的、可撤销的意愿,而不是一些理想化的祖先的强制力"[71] 向前走。另外,与基于当前条件的当前观点相比,此前世代的条件被认为是不重要的,或者不太重要的。比如,首席大法官厄尔·沃伦认为,当代的情况,"开国元勋中最聪明的人都远远不能应对"。[72]

但是,奥利弗·温德尔·霍姆斯将法律的特征总结为"不仅仅是我们的生活,也是曾经存在过的所有人的生活",他明确地反对以下观点:冲突出现在一代人中的对立群体之间,甚至存在于一个当代群体和一个过去的群体(如"开国元勋")之间。相反,冲突被认为存在于两个整体程序之间,即若干世代积累下来的某种历史经验,与当代某种思想流派清晰表达出来的理性之间。无论是霍姆斯还是其他赞成系统性程序的人都没有严肃地质疑知识和道德的优越性,而这正是持无限的观念的人所谓的清晰表达出来的理性和"社会正义"的核心内容。对于有限的观念来说,问题不再是某一个人或者群体是否比其他的个人或群体更有智慧，而是系统性的经验比两者都更有智慧。

然而，那些赞同通过司法能动主义审慎立法的人所依靠的并不是民主的多数（即使是在特定的一代人中），而是一个在智力和道德上更优越的决策程序。当德沃金把反对方的意见视为"愚蠢的信仰""关于人性的一种悲观理论"[73]"埃德蒙·柏克挑剔的哲学"[74]和"历史混乱而没有原则的发展"[75]而不予考虑时，就拉开了将能力优势置于当代人的多数民主之上的序幕，此前的数代人很大程度上也被排除在外。对德沃金来说，"即使其公民更喜欢不平等，但是一个更加平等的社会才是一个更好的社会"[76]。

社会政策

两种观念对现有社会成员之间关系的看法截然不同。无限的观念在历史上倾向于在社会中创造更加平等的经济和社会条件，即使在这类议题的决策权和应对手段的选择权中暗含着巨大的不平等。显然，只有非常不平等的智力和道德地位才能证明这种强加的平等是合理的，无论人们是否想要它，正如德沃金建议的那样，而且只有非常不平等的权力才能使其成为可能。对无限的观念来说，考虑到被密尔称为"最好的和最聪明的人"与还没有达到那种智力和道德水准的人之间巨大的差异，无限的观念在通过不平等的手段实现平等的目的方面是一致的。

相反，持有限的观念的人往往不太关心促进经济和社会的平等，而更关心权力不平等的危害，这种不平等会导致由理性主义者组成的统治精英的诞生。用哈耶克的话来说：

> 在文明增长中最危险的状态可能是，人们已经把所有这些信仰视为迷信，并且拒绝接受或者服从他在理性上不能理解的任何东西。理性主义者的理性并不足以让他了解有意识的理性力量的局限性，他们轻视所有不是有意识设计的制度和习俗，因此会成为建立在这些制度和习俗基础之上的文明的破坏者。[77]

关于司法能动主义的冲突反映了一个更加普遍的争论，即什么是为社会公益做出贡献的最佳方式。在无限的观念中，智慧且有良知的个人应该努力在其权限范围内为特定的议题带来最好的结果。在有限的观念中，个人与生俱来的局限性意味着每个人对社会最大的贡献是履行其制度角色的特定义务，并让系统程序决定结果。与之相对，无限的观念体现在首席大法官厄尔·沃伦打断律师对复杂法律原则的阐释时，他问道："但它是对的吗？它是善的吗？"在有限的观念中，那既不关他的事也不在他的能力范围之内,因为专家的优势仅仅存在于技能的狭隘范围之内——在这个例子中,就是确定如何将成文法应用到手边的案子中。柏克说:"我在他们的职责范围内尊敬他们"[78]——而不是在他们的职责范围外。

正如无限的观念敦促法官践行司法能动主义,它也强烈要求商人承担"社会责任"——他们应该雇用、投资、捐献,并在其他商业行为中为社会整体带来特定的利益。比如,承担社会责任的商人应该雇用弱势群体,投资于社会最需要的事物而不是能为其带来最大利润的事物,并把收益的一部分用于慈善和文化活动,而不是将所有收益分给股东或投入再生产。

考虑到这类决定在一个复杂的系统程序中会产生更广泛的影响,有限的观念认为这种事情超出了商人的能力范围。既然人类的知识是有局限的,商人的能力就是在法律允许的范围内经营他的那一家公司,并使其取得成功。在这种观念中,创造社会公益的不是商人的个人目的,而是竞争的系统性影响。根据亚当·斯密的观点,当商人"只想获得自己的利益"时,他通过竞争程序促进社会公益,"与他真正打算实现社会公益相比更有效"。斯密补充道:"我从来不知道那些为了公共利益而影响交易的人做了多少好事。"[79]

持有限的观念的著作中列举了很多意图良好但最终却适

得其反的政策。但是，在持无限的观念的著作中，这些只不过是孤立的、可以改正的错误，这些错误会阻碍对整个社会有益的趋势。然而，对于持有限的观念的人来说，如果个人与生俱来的局限性被忽视，应对这些局限性的系统程序被特定的修补行为所扰乱时，这些错误就不是偶然的，而是可以预见的。

真诚与忠诚

由于在个人能够拥有多少知识、决定复杂的社会议题时这些知识有多大效果的问题上存在冲突，两种观念对真诚和忠诚的重视程度大相径庭。当明智和兢兢业业的个人被认为有能力直接塑造对社会有益的结果时，他的真诚和对公益的奉献就是至关重要的。葛德文的全部目的是加强个人的"真诚、刚毅和正义"。[80] "普遍真诚的重要性"[81] 是葛德文的著作中反复出现的主题，也是数个世纪以来持无限的观念的人反复讨论的主题。根据葛德文的观点，真诚带来"解放"[82]，并"把其他各种美德带到其行列中"。[83] 尽管他也承认每个人在某些时刻并不真诚[84]，葛德文仍旧坚持认为当"普遍和不可改变的真诚"[85] 作为一种强大的理想时，它能够创造深刻的社会公益。

真诚在有限的观念中没有如此受尊崇的地位。持有这种观念的人们常常乐意承认他们的论敌是真诚的，并把它作为一种对社会好处不大的个人美德——如果坚持将它作为理想，有时还会加重其适得其反的效果。有限的观念的道德核心是对一个人在生活中所扮演的角色的忠诚。在那里，在他能力的范围内，个人能够服务于决定实际结果的重大系统性程序，从而对社会公益做出贡献。这是和无限的观念完全不同的义务观。在无限的观念那里，一个人的义务是对人类的直接善行。[86]但是，在有限的观念中，拥有社会决策权的个人缺乏足够的能力持续做出对人类有具体好处的临场（ad hoc）决策，而无论他多么真诚。

在有限的观念中，商人的道德义务是对将积蓄托付给他们的股东忠诚，而不是通过有损这种信托关系的慈善捐赠、投资或者雇用决策来真诚地追求公共利益。类似地，法官的道德义务是忠实地执行他曾发誓要维护的法律，而不是真诚地改变法律以产生他认为会更好的结果。在这种观念中，一名学者的道德义务是在他的学生和读者中忠实地推动知识的进步，而不是引导他们得出他所真诚相信的对社会最好的特定结论。出于类似的原因，有倾向性的新闻报道或解放神学对那些持有限的观念的人来说也是令人厌恶的，因为两者都被视为对委托关系的滥用。

真诚是无限的观念的核心，就这一点他们不会轻易地向论敌让步，论敌通常被描述为护教论者，甚至是唯利是图者。在这个思想传统中不难找到对其论敌"真正"所想的引述，而且这些想法一定是被"揭示"出来的。有时即使承认论敌是真诚的，也会说他因"无知""偏见"或者狭隘而不能超越现实。在无限的观念中，真诚是一个巨大的让步，而持有限的观念的人更容易做出这种让步，因为真诚对他们来说意义微乎其微。持有限的观念的人无须把论敌描绘成笨蛋，因为他们认为社会程序非常复杂，即使是有智慧且有道德的人也很容易犯错——而且也很危险。柏克认为，"不是最坏的人，也可能做出最坏的事情来"。[87]

与真诚与忠诚的问题相关的，是角色或结构化关系的问题。用柏克的话来说，对角色的忠诚是有限的观念的核心，因为在扮演被界定的角色时，个人依靠的是民族和时代的经验资本。在同时代人中，他所造成的特定结果是由其他人的价值观、知识和能力决定的，而他履行自己的角色义务只是为了忠实地服务于使其成为可能的程序。但是，在无限的观念中，个人自身的理性和真诚才是最重要的，而角色则被视为不必要的束缚。持无限的观念的人倾向于谴责"角色的刻板印象"，相反，他们追求"减少结构性的"处境，追求将亲子或者师生关系"民主化"，而不再强调头衔和礼节。

所有的这些看法都与他们对人类临场决策能力的潜在

观念相一致。在持有相对有限的观念的人那里，这种一致性是同等的。他们谋求角色和规则，利用未被言明的历史经验所产生的结果约束着这些角色的当前扮演者。比如，涉及大量信任的亲子角色或者医患角色，同时也是排除了性的角色，如果这种禁忌被打破，持有限的观念的人会尤为愤怒。其他人也会愤怒，但他们的反对并不是无限的观念的逻辑衍生物。

真诚和忠诚都可被视为诚实的一个方面——然而是非常不同的方面，而且它们在对立的观念中的权重也不一样。有限的观念尤其把真诚与忠诚和真理区别开来，用 J. A. 熊彼特的话说就是"一个人为了理想要做的第一件事是撒谎"[88]。这就是有限的观念中真诚的权重如此之轻的一个原因。亚历山大·比克尔（Alexander Bickel）对司法能动主义的一个现代辩护明显给予真诚比忠诚更多的权重，他强烈主张"谎言"是"不可避免的"[89]，并谈到了为了公共利益的"政治家式的迂回"。[90] 比克尔后来反对司法能动主义时也改变了道德立场，反而强调忠诚多过真诚。现在，"法官的一个道德义务"是"遵守显而易见的宪法"，其改善则留给了修正的程序。[91] 在两种立场中，比克尔的结论与他相应的观念一致。

忠于真理的理由与忠于角色的理由非常相似。在这两种情况中，一个人会使他自己的临场想法（这个想法在特定情形中可能是对社会最好的）服从于一种更广泛的系统程序——在这里，系统程序是公认的道德标准——人们更相信系统程序会促进社会长远利益。

这里需要再次注意的是，历史上没有一个伟大的观念是百分之百无限的或者百分之百有限的。不同的无限的观念之间程度的差异，对于讨论真理——以及武力——的意义来说常常是至关重要的。在一个非常纯粹的无限的观念中，比如葛德文的观念，理性是如此之强大——其特征是"无所不能"[92]——以至于在追求公共利益时无论是欺骗还是武力都不是正当的。[93] 因此，即便是最有智慧且对社会最有益的人可能在某段特定时间内处于比大多数人高得多的位置，他们最终获得公众同意的能力也不会改变。但是，在关于人类潜能的无限的观念中，假定在实现目标的途中存在更多的抵制和摩擦，谎言和武力不仅成了权利，还成了义务。因为不可逆的突破所带来的巨大利益会持续若干世纪，在这段时间里，最初的成本将被摊销。

如果一个人像列宁那样相信，民众自发达到的意识水平本质上不足以完成任务，[94] 那么，更有远见的精英就要扮演重大的历史角色[95]，并且必须运用一切必要的手段。尽管列宁和葛德文都反对自然演化的、作为有限的观念核心的系统程序，但是，他们对人类知识和理性的假定在程度上的不同，使他们对真理和武力的作用的看法有着深刻的差异。在历史上，马克思列宁主义的信仰者和民主社会主义的信仰者之间一直充满仇恨。假定的细微改变能够深刻影响观念——以及影响根据观念采取的行动。

青年与年龄

经验和清晰表达的理性在两种观念中的权重差异很大，因此必然会相应地以不同的角度看待年轻人和老年人。在依赖于"人类经验最不可靠的指导"的有限的观念中，[96] 年轻人在智慧方面不能与老年人相比。亚当·斯密认为，年轻人拥有和老年人同样的信心，是不合适的。[97] 他说："最智慧和最有经验的人一般是最不容易轻信的人。"而对于信心，决定性的影响因素是时间："只有获得智慧和经验，人们才能学会怀疑，而这两者很少对人们进行足够的教导。"[98]

相反，如果认为知识和理性就是清晰表达的理性时，就像无限的观念所认为的那样，年轻人就拥有相当大的优势了。孔多塞在 18 世纪写道："一个正要离开学校的年轻人所拥有的真知，比最伟大的天才——不是老古董，而是 17 世纪的天才——经过长期学习后获得的知识还要多。"[99] 在无限的观念中，世界的大部分痼疾可归因为现有的制度和信仰，对这些制度和信仰最不适应的人很容易被认为对进行必要的社会变革特别有价值。根据葛德文的观点：

> 下一代人将不会有那么多的偏见需要去压制。假设一个专制国家通过某种革命活动而获得自由。当前这个种族的孩子将被培养出更加坚定和独立的思维习惯；他们父亲的那种顺从、胆怯和邪恶的狡诈，将被昂扬的姿态和清晰果断的自由裁量权所取代。[100]

葛德文认为，"孩子是交到我们手上的某种类型的原材料"，[101] 他们的思想"像一张白纸"。[102] 年轻人被葛德文视为受压迫的群体[103]，但是，从他们中间可以发现"人类长期寻找的救世主"。[104] 然而，寻求谨慎的权衡而非戏剧性的解决的有限的观念不会在年轻人中寻求谨慎，因为谨慎被认为是经验之果。[105] 道德热情也不是一种替代品。"自以为是的无知是不可原谅的，它受到傲慢的激情的引导。"柏克认为。[106] 柏克对美国的信徒约翰·伦道夫说："我不是在对缺乏鉴赏力的人、年少而初学的学徒说话，而是在对这个国家白发苍苍的人说话……"[107] 但是对持无限的观念的人来说，上年纪的人不值得那么特别的关注。根据孔多塞的观点，"偏见和贪婪"是"老者共同的"特征。[108]

总结与启示

知识在社会中的分布因对知识的定义不同而有很大的差异。在有限的观念中,知识被界定为包括大量没有清晰表达出来但极其重要的信息和结论,并且被概括在习惯、厌恶、吸引以及词汇和数字之中,与知识被限定在更加深思熟虑、清晰表达的事实和关系中的无限的观念相比,知识极其广泛地分布在社会之中。有限的观念认识到了人有意识的理性的严重局限性,所以非常依赖演化而来的系统性程序传递和整合对人类生存与进步必不可少的广泛知识。无限的观念对人类掌握知识的前景更乐观,在拥有特殊智力技能的人身上,既能看到假设的证明又能找到改善社会的知识和理性工具。

清晰的表达在传播知识方面扮演了重要的角色,知识在无限的观念中也是意义非凡。葛德文说:"讨论是通向发现和证明的途径。"[109] 正如前面提到的,他也认为语言的精确性是"良好的知识不可或缺的前提条件"。[110] 但是,清晰的表达在有限的观念中则没那么重要。"每一件事情都被拿出来讨论,这一直是这个时代的不幸(而不是这些先生认为的荣耀)。"柏克宣称。[111] 他不喜欢"巧舌如簧"[112],并且认为即使是理性,经过频繁的重复,也会"失去其力量"。[113] 汉密尔顿怀疑有技巧的清晰表达,它可能"仅仅是粉饰和夸大"[114]

或者"用人为的推理去改变语言自然而明显的意思",[115]并指出"在任何一个方面,说出一大堆貌似有理的话是极为容易的"。[116]霍布斯宣称语言是聪明人的筹码,"但却是愚笨者的金钱"。[117]在有限的观念的传统中,没有清晰表达出来的社会经验与清晰表达出来的理性相比,前者依然是行为更有效的向导。根据哈耶克的观点,人们"知道如何依照规则去行动"就够了,"而不用知道如何用术语把规则清晰地表达出来"。[118]

理想主义的、接受了最新和最先进的知识的、口齿清晰的年轻人,正如知识在无限的观念中被认为的那样,对持此种观念的人来说是未来伟大的希望。知识分子也是如此。在有限的观念中却不然。有限的观念认为,知识的涵盖面更广,也因此分布在更加广泛的地方,知识分子相对于普通人没有绝对的优势。根据哈耶克的观点:

> 与在动态的文明进化程序中不断被使用的知识总和相比,最聪明的人所掌握的知识与最无知的人有意使用的知识之间的差别是相当微不足道的。[119]

在提出知识分子"几乎没有额外知识"[120]时,哈耶克附和了几个世纪以来持有限的观念的人对知识分子的怀疑。霍布斯和斯密一样，发现人与人之间几乎没有自然差异[121]，而且他所发现的社会差异并不总对知识分子有利。根据霍布斯的观点，普通人很少参与无意义的谈话，无意义的话语是知识分子的标志。[122] 而且，人们决策质量的真实差异更多地源于系统性激励而不是个体的知识或深思熟虑："一个朴实无华的丈夫在他自己的家庭事务上比在其他人的事务上当私人顾问要更加谨慎。"[123] 在这种观点中，对知识分子的激励是展示他们的聪明才智，而不是让他们正确地影响他人。霍布斯认为，知识分子"更多地研究自己才智的声誉，而不是他人事务的成功"。[124]

知识分子的傲慢和暴露癖同样是柏克反复提及的主题[125]——伴随着这些知识分子对社会造成的危险。他谈到了他们"会让天地屈服的""宏大的理论"。[126] 霍布斯也认为那些"认为自己更聪明、更会统治"的人是国家分裂和内战的根源。[127] 汉密尔顿同样认为知识分子是危险的，因为他们倾向于追随"危险的创新精神的幽灵，不断地渴望得到，却又永远不会满足"。[128] 即使知识分子被认为不会对社会秩序构成真正的危险，但他们作为决策者的角色在有限的观念中仍常常被认为次于普通人。约翰·伦道夫说，他知道人们"不能写书，甚至不会拼写著名的单词国会（Congress）"，但是比任何知识分子"都有更实际的观念"。[129]

但是，对无限的观念的信仰者来说，知识分子是"在发现真理的过程中他们的追随者的先驱",[130] 用葛德文的话来说。同样地，根据孔多塞的观点，"发现思索性的真理"是"使人类前行的唯一手段"。[131] 然而，那些对人类、知识和理性持有截然不同的概念的人将知识分子视为一种危险——不仅仅是对某一社会，更是对任何社会而言。

第 4 章

社会程序的观念

人性观念中的差异反映在社会程序的观念的差异中。社会程序在一种观念中被认为减轻了人性的缺陷，但是在另一种观念中却被认为加重了人性的缺陷。在这两种观念中，社会程序运转和故障的方式是不同的，这两种观念不仅在道德观上不同，而且在因果观上也不同。

社会程序涵盖的范围很大，从语言到战争，从爱情到经济体制。其中的每一个又有很多不同的形式。但是，这诸多社会程序也存在一些普遍的共同点。无论是在有限的观念的框架中还是在无限的观念的框架中进行观察，社会程序都有其特定的特征——一种秩序，无论是不是有意设计的。社会程序也有时间和金钱成本。有限的和无限的观念对社会程序的诸多方面的认识是不同的。

秩序与设计

一种有规则的模式要么反映了有目的的设计，要么反映了并非由参与其中的主体或力量所计划的环境的自然演化。不同种类的树木或者植物可能会在山腰的不同高度上野蛮生长，或是在一个花园由一个园丁来布置，并得到很好的照料和设计。两种观念都承认存在两种类型的社会程序，但是，它们对演化而来的秩序与有计划的设计的程度、效率和可取性的看法是不同的。

有限的观念

有限的观念几乎不信任有意设计的社会程序，因为它几乎不相信有任何可管理的决策者集体能够有效地应对那种巨大复杂性，来设计经济体制、法律体制、道德或政治体制的整个蓝图。相反，有限的观念依赖历史演化而来的社会程序，并根据它们的系统性特征——诱因和互动方式——而非目标或意图来评估它们。

语言可能是演化而来的社会程序最纯粹的例子，它是一个没有经过有意的整体设计的系统秩序。语言规则确实被记录了下来，但它是在事实发生后才将现有的实践编纂起来，大多数人在被系统地教授之前，从儿童早期阶段就开始遵守这些规则。然而，语言是极端复杂和微妙的，而且对一个社会正常发挥功能而言是极其重要的。即便是对小孩来说，语言也不是被清晰表达出来的鹦鹉学舌，而是从未被完全解释过的复杂规则中推演而来。[1]

语言因此是一个演化的复杂秩序的缩影，有其自己的系统性特征、内在逻辑和外在的社会结果——但并不是被任何个人或者委员会故意设计的。其理性是系统性的，不是个体性的——是一种演化的模式而非设计出来的蓝图。

在有限的观念中，语言实际上是法律、经济、政治和其他体系中的社会程序的模型。[2] 这并不是因为语言不能被创造出来——世界语（Esperanto）就是一个明显的例子——而是在演化的程序中它们更加有效，因为自然语言在几个世纪中所汲取的经验比任何一个设计语言的个人或委员会所能掌握的经验要丰富得多。而且，演化的语言服务于一个更大的多样性目的，而不是服务于任何特定的个人或委员会可能列举的目的，后者的重要性要小得多。

几乎相同的是，一个经济体系的复杂特征在事后可以用骨架式的概述来分析，但是充满血与肉的现实常常按照自己的方式演化——市场演化要比中央政府"计划"更加有效率。个人层面上审慎的行动或者计划绝没有被有限的观念排除，正如个人在语言的范围和规则中选择他们自己的词汇和写作风格一样。在这两个案例中被有限的观念反对的是针对整个系统的个人的或有目的的计划。正如有限的观念所认为的那样，人不能完成这样的壮举，尽管他在如此尝试时十分狂妄。系统的理性被认为优先于个人的或者有目的的理性。

有限的观念并不认为社会程序是静止不动的，也不认为现状不应该改变。相反，它的核心原则是演化。语言不会保持不变，但是它也不会因为新的控制计划而被取代。一门特定的语言可能演化了若干世纪，变得几乎与原来完全不一样，但这是许多人的使用而不是少数人的计划所造成的增量变化的结果。在政治中也是如此，演化是有限的观念的主旨。柏克宣称："一个没有改变方法的国家也没有保持自己的方法。"[3] 然而，他不会让整个政治体系服从于"未经检验的思辨"[4]。个人的才华不是实用主义调整的替代品，即使这些实用主义调整是由不太有才华的人做出的：

> 而我从未曾看到过有任何计划是不曾被那些理解力比领导他们事业的人低得多的人的观察所加以修正的。经历一个缓慢而维持得良好的过程，每一个步骤的效果就都被人注意到了；第一步的成败就照亮着第二步；这样，我们就在整个

的系列中安全地被引导着，从光明走向光明。①5

20世纪的F. A. 哈耶克表达了同样的基本观点：

> 传统并不是某种恒定不变的东西，而是一个优胜劣汰之选择过程的产物——当然，这个选择过程并不是由理性决定的，而是由成功指导的。②6

哈耶克的观点甚至比柏克的观点更远离深思熟虑的设计，因为哈耶克吸收了"适者生存"的文化选择程序，这一程序取决于在与其他社会体系竞争时的生存，而不是简单地基于实用主义的个人的成功判断。[7] 在有限的观念的这两个倡导者之间，达尔文的影响显而易见。当然，哈耶克的理论不是个体的最适者生存理论，而是社会程序的最适者生存理论。

无限的观念

如果没有这样隐含的假定，即人类深思熟虑的理性太过有限，不能承担综合的社会计划，那么在一个接着一个的领

---

① 译文选自《法国革命论》，柏克著，何兆武、许振洲、彭刚译，商务印书馆2010版。
② 译文选自《法律、立法与自由》（第一、二卷），哈耶克著，邓正来、张守东、李静冰译，中国大百科全书出版社2002年版。

域就都会得出完全不同的结论。比如，如果有效的理性计划和对整个经济体系的直接控制是可能的话，那么以这种方式直接达到预期的结果显然更有效率，而不是让迂回和不受控制的程序得出最终结果。如果值得追求的东西可以由一小部分社会决策者制定，而不是依赖于广大民众中诸多相互冲突的价值观，那么，社会议题就变得非常类似于工程问题——这个类比常常出现在那些使用这种方法的人中间，也同样受到持有限的观念的反对者的谴责。[8]

认为社会议题本质上是工程问题的一个最突出的观点来自托斯丹·凡勃伦。这一观点出现在凡勃伦的许多著作之中，并在《工程师和价格制度》（*The Engineers and the Price System*）这本书中得到明确的详述。他公开反对市场-价格制度这一系统性程序，支持相关专家、工程师的直接控制。几乎没有其他人在逻辑上将这种思考模式推到如此极端的地步，但其要素也出现在后来许多作者的观点中。比如，约翰·肯尼思·加尔布雷思与凡勃伦一样认为价格机制是不充分的，且受到强大利益集团的操控，如果它不是完全具有欺骗性的话。[9] 其他对经济和其他系统程序持有不同程度的怀疑态度的人，同样倾向于要让拥有必备的专业知识并献身公共利益的人施加更加直接的控制。对"产业政策"的倡导是这种传统的最新案例。并不是所有的问题都为工程师寻求了某种特殊的地位,这要看该社会议题与工程问题之间的类比。

进行工程类比时,持无限的观念的人能够从社会"需要"出发思考问题,因为对"什么是真正想要的"做"客观的分析"是可能的。[10]"公共利益"能被详细阐明,因而也能被理性地追求。那么,接下来的问题是组合相关的事实,并清晰地表达它们——"全面展示我们可以选择的项目"——以决定如何实现作为结果的目标。社会议题因此被简化为专家们的"技术协调"问题。[11]在系统性的观念中,天然存在着相互冲突的做法,因为人口中广泛存在着相互冲突的多样价值观。与系统性的观念不同,在理性主义的观念中,被选择出来的第三方能就什么构成了自然或者人为的环境的"需要""浪费"或"破坏"达成一致。

在这种观点中,社会的解决方案不仅存在,而且往往还很明显——尽管不一定简单,因为当前的既得利益者会反对。根据葛德文的观点,"真理,尤其是政治真理并不难获得"。所需要的是"没有野心的和公正的"人民的"独立的不偏不倚的讨论"。[12]"善与恶的本质"在葛德文看来是能理解的"最朴实无华的话题之一"。[13]所需要的是"良好的判断力和清晰而正确的认知",以"在世界中获得支配地位"。[14]

在后来的持无限的观念的作者中,也能发现非常类似的评论。根据萧伯纳的观点,当前社会中的邪恶是"用科学的方法诊断后发现的，它既不是不可治愈的，甚至也不是难以治愈的"。[15] 类似地，国际冲突既不是不可避免的，也不是天生难以解决的。如果交战国双方处于体面的人际关系中而不是竞争性的资本主义条件下，军事冲突中的问题就可以轻松地得到解决，不会流一滴血。[16] 根据萧伯纳的观点，当前社会"只不过是一个人为的系统，几乎可以无限地进行修正和再调整——不仅如此，还可以根据人类的意志进行实际的破坏和替换"。[17] 每一家成功的私人企业都是这样的例子："只要有有效的意愿去寻找方法，就可以轻易地完成公共事务。"[18]

简言之，支配着有限的观念的内在困难，在无限的观念中并不是真正的困难。在无限的观念中，很多罪恶是由故意的阻挠和混淆视听造成的，而具有公共精神的改革者最需要的是奉献。

在爱德华·贝拉米（Edward Bellamy）著名的社会小说《回顾》(*Looking Backward*)中，一位未来发达社会的公民对一位来自过去的人评论说，旧社会"异常无知"，在这个社会中，"社会问题"和"不满"必然预示着改变，[19] 人们必须为了"共同利益"去做事。[20] 控制经济并不困难，因为"生意做得越大，能够适用的原则越简单……"。[21] 纯粹的文职机构提供了"我们可能需要的所有信息"。[22] 一个"简单的账户系统"就是所需要的一切。[23] 资源的竞争不是理所当然的，而是源于"使每个人的利益与其他人的利益不相容的制度……"[24]。浪费[25]、无知[26]和公共利益[27]的概念大量存在——伴随着反复宣称理性管理社会的内在简单性。[28]

无限或理性主义的观念更加复杂的现代版本是同样主题的变体。即便是在认为社会更复杂的地方，现代的专业知识也能够掌控这种复杂性，中央管理依然相当可行。因此，在无限的观念更加复杂的版本中，尽管是由专家而不是由普通人民大众进行管理，整个社会依然是易于管理的。第三方决策发挥了关键作用："在现代生活中，委托专家已成为理性计算不可或缺的辅助手段。"[29] 什么是"想要的"或者"不想要的"、"偏好的"、"满意的"或者"不满意的"，这些都是显而易见的，因此不需要解释。[30] "需求"也是一样。[31] 把第三方做出"科学的"社会决策和工程学进行类比：

> 官僚体制自身是一种使科学判断影响政治决策的方法；现代政府中官僚机构的增长本身就部分反映了政府利用专家知识的能力的提高。[32]

现代提倡使用专家的做法至少可以追溯到 18 世纪的传统，当时，孔多塞认为物理科学为社会科学提供了可供模仿的模型。[33] 是的,他使用了"社会科学"[34]一词,并强烈要求把概率论和量化运用到社会政策的规划之中。[35]

在无限的观念中另一个反复出现的主题是当前的议题与过去的有多么本质的不同,因此从历史演化出来的信仰(用加尔布雷思的话语来说即"传统的智慧"[36])不再适用。这既不是新的也不是最近才有的结论。在 18 世纪,葛德文宣称,我们不能"怀着对祖先决定的胆怯的崇敬"做出今天的决定。[37]"过时"和"无关紧要"之类的词语在驳斥对立观念中被称为年龄智慧的东西时很常见。

问题不在于人类历史是否发生了改变,而在于这些改变实际上是服装和布景的变化还是戏剧本身的变化。在有限的观念中,基本上是服装和布景发生了改变;在无限的观念中,戏剧本身发生了改变,角色从根本上说也是不同的,未来同样彻底的改变既是可能的,也是必要的。

程序成本

所有的社会程序(无论是经济的、宗教的、政治的,还是其他的)都关乎成本。这些成本在持有限的观念和无限的观念的人们眼中非常不同,就像他们对在这些程序中所需要的态度(比如说真诚与忠诚)的看法不同一样。这些成本可能是时间或暴力等原因造成的，其相应的利益可能被公正或不公正地分配，其接受者可能是自由或不自由的。对于所有这些方面，有限的和无限的观念给出的评价也不同。

时　间

时间的流逝及其不可逆性形成了独特的决策难题、社会程序和道德原则，这所有的一切在持有限的和无限的观念的人的眼中非常不同。两种观念都认识到在某一时间节点做出的决定会在其他时间节点上产生结果。但是，应对这一事实的方式取决于人类的能力，尤其是人类的知识和远见。

随着时间的推移，知识的累积意味着个人和社会在知识更少的情况下做出的决定会在知识更多的时候产生结果。对那些持无限的观念的人来说，被过去的决定所束缚就意味着损失了后来知识可能创造的利益。无论是在宪法案件中还是在一生的婚姻中，被过去的决定所束缚都被认为是代价高昂和不理性的。无限的观念因此倾向于寻求最大的灵活性，以便根据后来的信息改变决策。在反对洛克的社会契约概念的时候，威廉·葛德文采取了一个普遍适用于跨时间承诺的立场：

> 我是否在整个生命进程中被排除在更好的信息之外？而

且,如果不是一生,为什么是一年、一个星期,或者甚至是一个小时?[38]

对葛德文来说,"信息的一个主要作用途径是时间"。因此,"若要我们今天约束自己此后两星期的行为"[39],这并不明智,我们无须限制知识对我们行动的影响。对未来的承诺要求一个人"封闭自己的心灵,不去了解更多关于他在未来应该做什么的信息"[40]。靠"预见"未来的知识来生活对葛德文来说就像靠挥霍未来的收入来生活一样。[41]

在无限的观念中,跨时间的承诺既有道德上的也有实际上的后果。例如,感恩以及忠诚和爱国主义,本质上都是承诺在未来对个人或社会采取的不同行为,而不是对未来某个时间可能存在的情况进行公正的评估,如果这些个人和社会是第一次相遇的话。在两条生命陷入危险境地而只有一条生命能被挽救时,救出你的父亲可能是忠诚的行为,但不是正义的行为。[42]因此,就行为而言,感恩和忠诚是跨时间的承诺,而不是不偏不倚的——不是利用将来的知识和将来的道德评价去生成你本可以选择的最好的结果,如果你是第一次面对这样的个人和情景的话。从这个角度看,忠诚、诺言、爱国主义、感恩、先例、忠诚誓约、宪法、婚姻、社会传统和国际条约都是在知识比较少的早期强加的约束,而选择则是在之后知识较多的时期做出的。它们全都被葛德文声讨。[43]所有这些都是对葛德文赞成的"不受控制的私人判断"[44]的事先限制。

> 开明、理性的司法机构,为了确定摆在他们面前的案件的原因,除了理性的准则外,不会求助于任何其他准则。他们会对他人教他们应该思考什么,并假装在案子发生以前就比他们更了解该案感到荒谬,而他们才是掌握一切情况的人。[45]

所有那些被葛德文所声讨的东西——忠诚、宪法、婚姻等——一直被持有限的观念的人所赞美和尊敬。跨时间承诺所带来的程序成本取决于:(1)要掌握多少东西,人类才有能力承受时间所带来的结果,(2)接受临场决策的缺陷,成本是多少。人类掌握更多知识和理解的能力是巨大的——正如在无限的观念中那样——避免承诺的理由是最强烈的。在这种能力被认为是天生就非常有限的地方——就像在有限的观念中那样——它所带来的收益相应较小,而且更容易被其他的考虑所超过。

特别对于社会原则,柏克认为不要指望随着时间的流逝能有任何根本上的进步:

> 我们知道我们没有发明什么；我们也不认为在道德方面有什么东西可以被发明出来。许多关于政府的伟大原则、许多关于自由的思想，在我们出生之前很久就已经为人所理解了。①[46]

在更一般的意义上，持无限的观念的人所使用的始于18世纪的孔多塞的"社会科学"的概念，常常被持有限的观念的人所怀疑，如果不是被当作科学自命不凡的幻觉而被彻底拒绝的话。他们认为那里并不存在科学的前提条件。[47]在"社会科学"理论或研究基础上改变历史演化的原则已成为持无限的观念的现代思想家们的标志——也是那些持有限的观念的人所讨厌的事物（bête noire）。根据柏克的观点，政府需要"更多的经验，比任何人在其整个生命中能够获得的经验都要多"。[48]考虑到这一前提，与忠诚于社会积累的经验而获得的益处相比，通过避免承诺而获得的个人知识增量是微不足道的。

在个人由其所属文化的集体智慧所引导的世界里，根据有限的观念，文化自身必须有一定的稳定性以发挥引导的作用。没有这种稳定性的话，柏克认为，"没有人能知道在一个

---

① 译文选自《法国革命论》，柏克著，何兆武、许振洲、彭刚译，商务印书馆2010版。

持续改变钱币标准的国家中,对荣誉的考验将会是什么"。[49] 与法官完全自由地当场决定每个具体案件相比,葛德文提出的司法情形很可能导致做出较差的决定,但有限的观念与已知规则提供的前瞻性指导抵消了这种损失,因而减少了违反刑法或需要进行民事诉讼的案件。对柏克来说,"反复无常这种罪恶"是"固执和无知的偏见的一万倍"。[50] 简言之,不可靠的社会预期所带来的程序成本超过了增加个人知识量或对其进行更精细的应用所产生的价值。

有限的观念认为,一名法官甚至不应该尝试对面前的案件做出对社会最有利的判决。哈耶克认为:"他能够关心的唯一的公益是遵守个人能够理性地依靠的规则。"法官应该"运用规则,即便他知道即将出现的结果完全不是他想要的"。[51] 根据人类能力有限的观念,只有其他备选的社会程序会产生其他(以及更大的)成本,这一成本才能被证明是正当的。然而,这样的结论在无限的观念的信奉者看来令人厌恶。根据一个具有里程碑意义的法庭案例,法庭"绝不会允许自己被用作不平等和不正义的工具"。[52] 在无限的观念中,意识到但却接受不正义是不合理的。但是,在有限的观念中,不正义是不可避免的,因为唯一的真正问题是一个程序的不正义是否比另外一个程序的不正义多。

亚当·斯密也同样认为,一般的稳定比特殊的收益更加重要,也就是"社会的和平与秩序甚至比减轻苦难更加重要"。所以,即便相信"人们往往更偏爱富裕和伟大而不是智慧和正直",他也指出,前者涉及更少的程序成本,因此"社会的和平与秩序"会更可靠地"取决于明显的出身和财富差异,而不是无形且往往不确定的智慧或美德的差异"。[53]

同样,在持无限的观念的人看到解决方案时,持有限的观念的人看到的是权衡。无限的观念以临场的方式逐一寻求最佳的个人决定。相反,有限的观念在智慧和美德的收益以及稳定的预期和标准的收益之间进行权衡。它需要承认,一个程序提供了理论上更好的个人决定,但扣除这些决定的程序成本,得出的净平衡可能会倾向于不那么引人注目的选择——例如,显而易见的等级差别与不那么容易察觉的智慧和美德的区别。

这种计算并不总是支持维持现状。正如第 3 章指出的那样,有限的观念的许多经典范例是不受欢迎的变革,有时甚至是激烈的变革的倡导者。但是,由于存在程序成本,更好的决定本身并不足以成为变革的理由,这就为持有限的观念的人拒绝变革提供了基础,而这些变革是大势所趋。简而言之,无限的观念所设想的人类在逻辑上应该追求的政策,与有限的观念中设想的人类所要追求的政策完全不同。

社会规则是有限的观念的核心,就像无拘无束的个人判断和个人良心是无限的观念的核心一样。对此，F. A. 哈耶克曾指出：

> 在我们生活于其间的社会中，我们之所以能够成功地对我们自己做出调适，而且我们的行动也之所以有着良好的机会去实现它们所指向的目标，不仅是因为我们的同胞受着已知的目的的支配，或者受着手段与目的之间已知的关系的支配，而且是因为他们也受着这样一些规则的约束——而对于这些规则所具有的目的或起源，我们常常是不知道的，甚至对于这些规则的存在，我们也常常是无意识的。① 54

因此，共同的未被言明的规则降低了程序成本。对程序成本的考虑越来越少，而更多的是考虑个人根据每个议题的价值做出判断的能力。于是在无限的观念中，规则从令人讨厌的东西变成了令人难以忍受的负担。因而，两种观念之间的差异在与跨时间的承诺（比如忠诚、宪法和婚姻）相关的规则和实践方面尤为尖锐。

在极端的情况下，有限的观念会说"这是我的国家，无论对错"；而赞成无限的观念的人则是世界公民，无论他们认

---

① 译文选自《法律、立法与自由》（第一卷），哈耶克著，邓正来、张守东、李静冰译，中国大百科全书出版社2000年版。

为时机是否合适，他们在言语上和行动上都随时准备反对自己的国家。因此，爱国和叛国在极端的无限的观念中成了无意义的区分，尽管这种区别在有限的观念中是最核心也是最有力的。

有限的观念的前提是哈耶克说的"每个人都有必要且不可弥补的无知"，[55] 哈耶克也认为无限的观念的独立和理性主义决策"要求对所有相关事实的完整知识"。对哈耶克来说，后者是完全不可能的，因为社会的正常运行取决于对"成百上千的事实的社会协调，而任何人都不能完全知道所有的事实"。[56] 对哈耶克来说，在做出决定或考虑其更广泛的影响时，认为"某一个人了解所有相关的事实"[57]，是一个幻想。在有限的观念中，一个先进文明的好处源于社会对分散且支离破碎的知识的更好协调——而不是源于个人掌握更多的知识。根据哈耶克的观点：

> 在文明社会中，个人之所以有能力追求更多的目的，而不只是满足他最为紧迫的物质需求，与其说是因为他能够获得更多的知识，还不如说是因为他能够从其他人所掌握的知识那里获得更多的益处。的确，一个"文明的"个人可能极为无知，甚至比许多野蛮人更无知，但是他却仍然可以从他

所在的文明中获得极大的益处。① 58

在这种观念中,对个人来说尤其没有保证的是把他置于使他的生命和理解成为可能的社会之外或之上。一个人即使取得了伟大的成就,也被认为有必要把它限制在一个社会所协调的广泛关注的狭小范围内,因此,他没有理由想象他能以更好的方式拆解并重新组装他身边的复杂社会。根据柏克的观点,"他们在特定职能领域中的优秀表现"可能使这样杰出的个人在其他职能领域不合格。[59] 在同样的脉络中,汉密尔顿认为,甚至是"最伟大的天才"也会忽略一个普通人能够看到的决定性的因素。[60]

无限的观念认为,把智力上(或者道德上)优越的个人与普通人相比较是有意义的,而对持有限的观念的人来说,即使是智力或者道德上最杰出的个人,他们对知识和使社会得以运转的无数关系的把握,本质上也非常有限。因此,在多数人的文化中,没有得到清晰表达的有历史意义的、系统的智慧,更可能比少数人的特殊洞见正确。两个程序都动员了人类的经验和理解,但却以非常不同的方式进行。"理性"的确切概念在两种观念中是不同的。用哈耶克的话来说:

---

① 译文选自《法律、立法与自由》(第一卷),哈耶克著,邓正来、张守东、李静冰译,中国大百科全书出版社2000年版。

> "理性"的含义原先包含着这样一种意思,即心智具有一种辨识或界分善恶的能力,也就是对何者符合业已确立的规则与何者不符合这些规则做出界分的能力;然而,它的意思后来却变了,仅意指一种从明确的前提中进行演绎并据此建构这种规则的能力。① 61

在有限的观念中,社会经常被类比为一个有生命的有机体,不能在没有致命结果产生的情况下以一种不同的方式进行全面的分解和重组。比如,柏克写道,把身体砍成碎片,然后把这些碎片"扔进魔术师的水壶中"希望身体重生。62 "国家构建"这个概念基本上是一个错误的想法。63 国家可以生长和演化,但是不能被构建。

持无限的观念的人认为,忠诚的跨时间承诺意味着会在未来的行为中抛弃公正性,而持有限的观念的人则不这么认为。如果一个人关于人性的观点是非常有限的,那么,忠诚之外的备选项就不是公正,而是纯粹的自私。因此,促进忠诚的各种情感依恋被视为有益的社会纽带,对整个社会的运转至关重要。根据柏克的观点:

---

① 译文选自《法律、立法与自由》(第一卷),哈耶克著,邓正来、张守东、李静冰译,中国大百科出版社2000年版。

> 依附于一小块土地，去爱我们在社会中所从属的那一小部分的人，是公共感情的第一原则（就像是萌芽一样）。它是一系列事务中的第一联系，通过它，我们朝前走去爱我们的国家，然后去爱人类。[64]

在同样的脉络中，汉密尔顿说：

> 跟爱我们的邻居相比，我们更加热爱我们的家庭：大体上，跟爱我们的国人相比，我们更爱我们的邻居。[65]

相比之下，葛德文把他的信念置于理性的传播之中，而不是"一种无理性的和无知的同情"。[66]他把散漫的感情和已经"成熟为美德"的感情区别开来——后者将"整个人类"囊括进它们的关切中。根据葛德文的观点，"爱我们的国家"是"一种虚伪的原则"，它会建立起"一种以偶然关系而不是理性为基础的偏好"。[67]

没有哪种观念认为更小的单位天然就比更大的单位更重要。无限的观念仅仅认为人最终能够理解那个原则，并根据原则行事。有限的观念认为，该原则在实践中超越了人性，即便它在理论上强烈赞同这一原则。因此，自然产生的情感依恋必须被社会利用，作为对个人自私的抗衡。比如，亚当·斯密反对在国家之上确立物种的首要地位的理性主义观点：

> 我们爱我们的国家，并非把它当作只不过是全人类社会的一部分来爱，我们是因为它本身的缘故而爱它，和任何有关全人类社会的考量完全不相干。设计出人类情感系统，以及其他每一部分天性系统的那个智慧似乎认为，要增进全人类社会的利益，最好的办法是把每一个人的主要注意力导向全人类社会中的某一特定部分，这部分不仅最在他的能力范围内，也最在他的理解范围内。① 68

就像在他的经济学理论中那样，也像在他的道德理论中那样，斯密聚焦于精确的个人行为，因为它不仅有利于个人，还间接导致了社会公益。在这两个方面，这种非直接性应归因于斯密对人这个概念的理解，他认为人既缺乏知识又缺少充分的意愿去直接创造一致的社会公益。同样，汉密尔顿认为自私是人性中不可改变的部分，因此明智的社会政策最好能够"轻轻地转移频道，如果可能的话，引导它产生公共利益"[69]。

---

① 引文选自《道德情操论》，亚当·斯密著，谢宗林译，中央编译出版社2008年版。

那些对人性不持这种有限的观念的人在逻辑上朝着相反的道路继续前进，无论是在国内还是在国外，他们都要求终结民族主义、人人承担"社会责任"，并且个人和机构两者都朝向一个人类共同体迈进。人的能力越大，程序成本就越低，也就越能直接地追求社会公益。

自由和正义

两种观念判断社会程序的标准根本不同。在无限的观念中，个人的目的和个人的正义是核心，个人受到的奖励是根据功绩还是仅仅反映的是特权和幸运，这一点非常重要。个人领导者和社会政策应该根据其为结束特权、促进平等或提高收益所做的贡献来选择。但是，在有限的观念中，判断社会进程的标准是看它们能否以最少的成本从人类有限的潜能中获取最多的社会公益。这意味着要奖励稀有而有价值的能力，即便该能力对于拥有它的人来说只是个意外收获，即便在许多情况下，这些能力要么是自然天赋，要么是富有的父母花钱培养出来的，而且对大多数人来说成本太高。有时候，受到奖励的稀有且有价值的特长还包括那些在养育他们的家庭中耳濡目染获得的技能和取向。

在无限的观念中，个人技能所带来的社会公益可以通过消灭无功而受禄被激发出来——即使不会立刻见效，也会在一些更好的社会中随着时间的流逝达成。从这个观点出发，持续支付高低迥异的奖励阻碍了社会的发展。但是，在关于人性的有限的观念中，这样的发展是不可推而广之的，对没有功绩的个人提供奖励的不正义，必须被剥夺社会才能获得利益的不正义所抵消。后面一种不正义正是因为没有提供足够的激励才产生的。

这两种观点的不同不仅体现在道德判断上，更根本的是体现在对社会因果关系的理解上。在有限的观念中，对于任何社会系统，针对身处其中的个人所设计的激励机制，都是该系统至关重要的特征。它不仅包括诸如市场和法律这样的公开的奖励和惩罚，也包括由文化及其价值观演化而来的内在精神上的奖励和惩罚。考虑到潜在的人性基本不变，这些系统性的特征在很大程度上决定了个人的努力程度。

然而，这些努力不会直接实现。系统性的互动并不单纯是——或者甚至主要是——个人计划的成果。亚当·斯密的商人并不是唯一会造成"并不属于其目的"的结果的人。尽管在有限的观念中，社会激励比个人意图更重要，但系统性互动的具体特征——例如竞争性经济中精心设计的原则和因果关系通道——对实际结果也至关重要。

简言之，有限的观念认为人性是给定的，并认为社会结果是以下变量的函数：（1）提供给个人的激励；（2）人们在哪些条件下与这些激励措施进行互动。这些互动（不论是冲突还是合作）太复杂以至不能简单推导出行为主体目的的平均值。实际上，结果可能反映不了任何人的目的，甚至反映不了大多数人的目的的平均值，即使这是在不同的价值观和资源稀缺的情况下所能达到的最好结果。比如，节俭可能导致更少的储蓄——储蓄是节俭对总需求、生产、雇用、投资和收入所产生的影响的间接结果。[70]类似地，在法律体系中，给予特定群体更多的权利可能令这些群体的境况变得更糟。[71]

在有限的观念中，这种预料之外的结果并不是特定系统的"失败"。因为人和自然的限制是内在的，失望也是理所当然的。在这种观念中，问题不是"问题"是否"被解决了"（它们不会被解决），而是是否做出了能做到的最佳权衡。

在无限的观念中，人性本身是可变的，而且是需要改变的核心变量。特定的个人或群体已经在智力、道德或者对社会公益的贡献方面超越了大众，这个事实揭示了什么是可能的。取得成就的最大障碍是那些从现有社会秩序中获益的反对派，以及其他人的惰性和无知。如果要克服这些阻碍进步的障碍，就必须依靠那些已经掌握了社会开放的可能性的人的奉献、智力和想象力。

和力图分析、规定或判断程序的有限的观念相比，无限的观念力图分析、规定或者判断结果——比如收入分配、社会流动和受到各种制度的公平或不公平对待。程序常常被谴责，因为它们的实际结果被认为不令人满意，不管它们作为程序的抽象优点是什么。比如，对穷人来说自由或平等的幻象一直是无限的观念几个世纪以来反复出现的主题。阿纳托尔·法朗士（Anatole France）对这个观点做出了经典的表达：

> 法律，在其庄严的平等中禁止富人和穷人睡在桥下或者是在街上乞讨，以及偷窃面包。[72]

有时候，表面上公平的程序产生的结果的不平等被认为是故意的伪善，而在另一些时候，它却被认为只不过是某个程序运行不充分的结果。在类似的脉络中，无限的观念认为一个人并不"真正"自由，所谓自由只是因为政治程序没有在法律上限制一个人的行动。即使在程序中存在自由，如果一个人缺乏实现其目标的实际手段，自由就不存在于结果中。简言之，在两种观念中，对自由的确切定义是不一样的。"如果一个人不能实现他的目标……"尽管没有法律的限制，根据无限的观念的定义，他也是不自由的。[73]比如，"如果高昂的成本阻止了一个选择，而这个选择如果通过集体选择共享商品的方式本来是能够做到的，那么，选择者就是不自由

的"。[74]在更一般的意义上讲:

> 一个人的自由最终取决于能否实现重要的首要目标,比如尊严、尊敬、爱情、喜爱、团结、友谊。在某种程度上,一个人缺少这些的话,他们就是不自由的。[75]

无限的观念中这种从结果出发界定自由的方式对持有限的观念的人来说是令人讨厌的。在有限的观念中,自由是根据程序特征来界定的。考虑到人类的智慧和道德是有限的,有限的观念认为,人不能成功地规定结果,而只能启动程序,其结果经常是和目的直接相悖的。而且,即便特定结果在因果关系上能够实现,即便完全不考虑产生该结果的程序是否正当,这些结果在道德和智力上也不会是正当的。在有限的观念看来,对促进生产、节制生产和妨碍生产的人给了平等的结果,损害了程序平等。同样,正义在有限的观念中是一个程序特征:在公平的条件下竞走,其结果就是公正的,无论结果是同一个人赢了一次又一次,还是每一次的获胜者都不同。在有限的观念中,结果不界定正义。

持无限的观念的人认为应该直接寻求最好的结果。持有限的观念的人认为应该利用和保护最好的程序,因为直接产生最好的结果的尝试超越了人类的能力。两种观念在人性假设上的初始差异伴随着他们从一个议题到另一个议题。

总结与启示

两种观念对人类生存和进步的根源的看法有着根本的不同。根据无限的观念，如果要说社会的行为模式是成功的、正义的和进步的，就是因为它反映了一般人，特别是智力和道德最先进的人清晰表达出来的理性。秩序——尤其是正义和进步的秩序是设计的结果，它由投身于大众福利的人支撑起来。简略地说，这种来自"理性时代"的观念，起源于18世纪的法国，并已传播到整个西方世界及其之外。

有限的观念认为，在个人和集体缺乏智力和道德方面的先决条件去制订如此深思熟虑的综合计划的情况下，秩序未经设计的历史性演变，会比有设计时要更加有效。语言就是这种没有被设计的秩序的一个例子，其复杂性、微妙性和有效性证明了系统性程序的力量，它利用所有人的经验，而不是依靠任何个人或委员会的特别智慧或高尚品格。在这种传统中一个显著的案例是把有限的观念运用到经济学中——始自重农学派（Physiocrats，也是在18世纪的法国），他们的呐喊"自由放任（laissez-faire）！"由亚当·斯密完整地表达了出来，并在今天米尔顿·弗里德曼和弗里德里希·哈耶克的著述中得到例证。

一般而言，两种观念对社会程序的判断相当不一样。无限的观念倾向于根据结果判断程序——"它是对的吗？它是善的吗？"用首席大法官厄尔·沃伦的话来说。有限的观念把公正和善良作为程序的特征而不是结果的特征：一场竞走比赛如果是在恰当的条件下举行的话，它就是公平的——不论谁获胜或失败，或者同一个人多久获胜一次。因此，在有限的观念中，正义意味着坚持已商定的规则；而在无限的观念中，正义是根据最终发生的结果来判断的。

根据霍布斯的观点，"履行法律的人是正义的"。[76] 但是，对葛德文来说，正义是"一个结果，是对每个个体的案例进行沉思的结果"。[77] 对葛德文来说，结果界定正义，因为"无论什么，只要没有伴随着任何有益的目标出现，就不是正义"。[78] 显然，社会程序最终是为有益的结果而存在的，或者说其正当性由有益的结果来证明——在两种观念中都是如此。两种观念的不同之处在于对人类直接产生那些利益的能力的估计。相反，下列规则——无论是法律、合同、习俗还是宪法——是一种低劣的替代物，只有在程序成本较低（如果有的话）时才有理由使用。即使在一个特定的案例中能够证明通过直接的特殊的决策实现的结果更加有效、更合乎道德或者更可取，持有限的观念的人也会根据这种违反规则的行为如何扰乱了众人的期望，并对其未来行为产生了多少负面影响来评估程序成本，因为他们对既有的和未来的规则与协议的可靠性失去了信心。临时的利益是否比系统的损失更有价值，这个问题的答案取决于人的能力——不仅仅是在法律中，也在经济、政治和其他领域中。

就如同对正义的看法一样，两种观念对自由的界定也不同。在有限的观念中，自由是一个程序特征——没有外部强加的障碍。霍布斯把自由的这种概念运用到人和无生命的事物上：如果被监狱的高墙所限制的话，一个人是不自由的；如果被河岸或者容器的壁包围住的话，水是不自由的。但是，如果缺乏运动是内部原因所造成的——一个人"因为疾病牢牢躺床上"或者一块石头"静止不动"（lyeth still）——霍布斯并不认为缺乏自由。[79] 同样的自由观在今天仍旧是有限的观念的特征。对哈耶克来说，自由意味着"免于强制的自由，免于其他人专制权力的自由"，而不是把人从"环境"的限制或者强制中解放出来。[80]

然而，在无限的观念中，自由被界定为既没有外部强加的直接障碍，也没有缩小了选择范围的环境的限制：

> 只有当他能养活自己和家庭、选择工作并以工资为生的时候，一个人和他的家庭才能行使真正的自由。否则，如果一个人没有做自己想做的事情的手段，他就是生存的仆人。[81]

如前所述，在无限的观念中，自由可能被广泛地界定为不仅包括经济的前提条件，也包括只能从与他人的情感联系中产生的精神上的好处。[82] 约翰·杜威（John Dewey）把自由（liberty）定义为"去做某件特定事情的有效权力"，[83] 可能是对这种观点最好的归纳。根据这种定义，对有效权力的限制无论是内部的还是外部的，是故意的还是偶然的，都不再重要。

这些存在根本分歧的自由观反映了对人的能力全然不同的理解。在有限的观念中，人最多只能发起程序，他通过社会程序能为自由做得最多的就是建立众所周知的规则——限制一个人被授予超过另一个人的权力，并限制权力拥有者被授权行使权力的特定条件。但是，在无限的观念中，人能够塑造和判断最终结果，也有相应的权利和义务去确保结果能使个人的选择范围最大化，确保消除了障碍，无论这种障碍是故意的还是偶然的。在某些情况下，这可能意味着要对那些因社会背景而在竞争中处于劣势的人提供补偿，无论这种劣势是故意造成的还是偶然的。然而，对持有限的观念的人来说，提供补偿不仅超出了任何个人或委员会的能力，对解决社会中普遍的劣势和危险来说也是一种徒劳，并且可能会扰乱社会程序。

社会程序的复杂性在两种观念中都是反复出现的主题，

但意义非常不同。对持有限的观念的人来说,这一点是不证自明的,即没有任何个人或委员会能掌握这种复杂性,因此,反而需要依赖系统性程序,比如市场经济、社会传统、宪法法律。但是,对于持无限的观念的人来说,个人和委员会能够而且必须与社会复杂性做斗争。他们认为,其论敌对系统性程序的归纳性描述"过于简单化",因为这些描述没有具体说明细节,尽管具体说明细节本身就与有限的观念相矛盾,因为没有任何一个人有能力说明细节。

持有限的观念的人对程序特征的关注扩展到了社会程序的诸多特定类型,而持无限的观念的人则试图在所有相同的程序中直接创造特定结果。比如,无论在哪里,生活在特定经济水平之下的人都会被界定为贫困,持无限的观念的人倾向于以某种方式资助他们,从而直接产生一个更想得到的结果,即更高的生活水平。持有限的观念的人关注的是由这些计划产生的程序激励及其对未来行为的影响,这些影响不仅针对这些特定的受益人,还会波及那些没有付出多少努力去避开失业、少女怀孕或其他被认为会导致普遍贫困的因素的人身上。

现在,对观念的分析,已经从关于人的道德和智力潜能的两个完全不同的假定出发,推进到了与各自假定相一致的知识和理性的概念上,现在则将这些概念运用于社会程序,至此，观念的冲突的基础已经建好。在这个基础上还需要建设的有：（1）对观念的差异和动力的更多认识；（2）对平等的观念、权力的观念和正义的观念的特别关注，它们是这个时代意识形态冲突的核心内容。这些是后面各章的主题。

第 5 章

观念的种类和动力

迄今为止的讨论都集中在纯粹或一致的观念上,很明显,要么是有限的观念,要么是无限的观念。但是,正如一开始所指出的那样,它们绝不是观念仅有的类型。不仅每一种观念都有程度不同之分,还存在两种观念自相矛盾的混合体。而且,对观念的信念也不是静止不变的。无论是个人还是整个社会都能随着时间的流逝而改变其观念。这些变化可能是突然的"通往大马士革之路"(road to Damascus)的转变,所以某一特定事件可能改变一个人整个的思维方式,或者这种变化可能更像水滴石穿——一种观念不知不觉地消失,被一系列关于人类和世界的不断变化的隐性假定所取代。第二种类型的变化可能没有明确的记录,写明观念是什么时候或者如何消失的，甚至那些关心它的人也没有意识到，他们只知道事情不能再以之前的方式看待了。

观念的一些变化往往与时代相关。在40多岁的时候变成保守分子的人，在20多岁的时候可能是个激进分子。这一陈词滥调可以回溯许多代人。卡尔·马克思在19世纪40年代预言，他在巴黎遇见的俄罗斯激进分子在20年后会是沙皇政权的坚定拥护者——尽管他显然并不期望在他自己身上发生这样的转变。

尽管观念能够且确实会发生变化，但是，有限的观念和无限的观念历经几个世纪的持久性和生命力表明，这样的变化并不会轻易发生。改弦更张的苦恼来自内心，也来自以前同道者的谴责。那些失去了信仰但仍坚持外在仪式的人，或者如果一有可能就悄然退出的人，同样也证明了观念的力量和改变的痛苦。人们用于讨论社会观念变化的术语——皈依、变节、异端——都是从宗教史中借用而来，尽管它们同样适用于唤起类似情感承诺的世俗信条。

对观念进行广泛的调查似乎是不可能的，而且也没有人尝试过。然而，一般而言，思考几种观念及观念的动力是有用的。但是，在审视各种各样的观念之前，有必要更加明确地界定有限的和无限的观念。

操作性定义

没有一个理论是真真正正百分之百有限或百分之百无限的。在最严格的字面意思上，完全无限的理论就意味着全知全能。宗教的观念将全知全能归于神，但这本身就限制了人，因此一种彻底的无限的社会观念也就被排除了。百分之百有限的观念意味着人的每个想法和行动都是注定的，这与倡导要遵循特定的社会规则同样不相容。

尽管本书所关心的经典社会观念并没有那么极端，但是，这两种观念之间依然存在非常真实的差别，它们各自内部也有程度之分。一旦承认有限的观念和无限的观念这种二分法仅仅是把哲学光谱上的一部分与另一部分区分开来的简便方法，那么问题就变成了选择一个操作标准，将特定的观念范围置于其中一个类别中而不是另一个，并承认还有其他的观念范围不能被纳入任何一个类别，因为有限和无限的观念合起来并没有穷尽所有关于人类和社会的哲学。

最简单的例子是威廉·葛德文详细阐述了人类理性的范围以及在这个范围内个人和社会的决定。当这些决定中的绝大部分被认为经得起深思熟虑且清晰表达的理性的检验时，那么，显然就有了无限的观念——并不是说人类真的无所不知，而是说不论人类的知识和理性的局限是什么，都不足以影响这种分析成为理论的一个组成部分。但是，在这两种观念中，几乎没有作者曾像葛德文那样清晰、系统地说出他们的假定和从这些假定推导出的结论。

亚当·斯密把自己关于人的局限的观念吸收进他的社会理论中，这在《道德情操论》中得以明确阐述，并暗含在《国富论》中。其他人或多或少地明确表达了他们关于人的观念或者把这种观念与他们的社会结论相联系。但是，如果两个思想家拥有几乎完全相同的社会分析和主张，在详尽阐述或者没有详尽阐述他们的前提的基础上，将其中一个纳入并将另一个排除在一组特定观念的边界之外就是武断的。而且，这也与我们最初把观念定义为"先于分析的认知行为"——一套甚至在自己的头脑中都不必清楚解释的假定——不一致。

找出这两种观念的操作性定义，意味着超越暗示性的对比，让决定性的差异显示出来。常见于有限的观念中的权衡和常见于无限的观念中的解决之间的差异是暗示性的，而非决定性的。通过激励寻求社会之善，与通过改变人类的性情寻求社会之善，两者之间差别也是如此——这是权衡与解决相对比的一个特殊的例子。不是简单地寻求权衡，而是寻求居于有限的观念核心的系统的权衡模式。一个中央计划委员会或者一名能动主义的法官能够进行权衡，但是这显然不是有限的观念所考虑的，却可能与无限的观念一致。

社会决策的系统性与审慎性模式更接近于人类能力的核心问题。允许社会决策作为集体决策，由被委托为他人福祉的代理人的特定个人做出，相对于允许这些社会决策由无数的个人为了自己的个人利益而行使自己的个人自由裁量权所产生的系统互动来做出，要求人类拥有更大的能力。

简言之，区分有限的和无限的观念的两个关键的标准是：（1）自由裁量权的归属（the locus of discretion）；（2）自由裁量权的模式。社会决策在两种观念中依然是社会决策，但它们所产生的自由裁量权的行使方式却截然不同。在无限的观念中，社会决策由代理人根据明确的理性主义的理由、为了共同的善而审慎做出。在有限的观念中，社会决策从个人的自由裁量权的互动出发进行系统性的演化，而行使自由裁量权是为了个人的利益——服务于共同的善仅仅是系统程序特征导致的个人无意识的结果，比如竞争性的市场经济。

两种观念都承认人类的内在局限性，但是对局限的性质和程度的看法相当不同。对食物的需要、死亡的现实或者新生儿的无知当然容易被持无限的观念的人承认。但与持无限的观念的人不同，持有限的观念的人认为人类的内在局限性很强，因而不能依赖于个人清晰表达的理性，而理性正是无限的观念的核心。根据有限的观念的观点，成功实现无限的观念所需要的知识、道德和坚韧根本就不存在，大众或精英也不会对它们进行培养。对人类来说，在一种观念中被认为是最好的那种世界，在另一种观念中却被认为是灾难性的。两种观念的信奉者因此在一个又一个特定的议题上早就注定是论敌。对两者来说的新议题——比如对弱势群体的补偿——在它们之间引发了同样的对立，因为不同观念的隐含假设是不同的。

有限的观念

对有限的观念来说，一个必要但不充分的条件是：人的智力、道德和其他能力相对于他的欲望（比如，不仅有对物质的欲望，也有对正义和爱情的欲望）来说非常有限，因而他的欲望天然不能得到完全满足。然而，人的理性不仅能够在人类层面抽象地理解这一点，而且能够使作为个体的自己在具体情况中接受它，并自愿地适应它。在这个范围内，不需要社会制度或系统程序来强加权衡。被自由地接受了的权衡，就是本质上的解决方案。这样一个世界可能与葛德文和孔多塞对未来的想象相似。那是无限的观念。

对有限的观念来说，必然的不仅是：（1）一个人拥有的资源（无论是内部的还是外部的）对于满足他的欲望来说都是不充分的；（2）个人不接受与社会可得的东西相称的对其自身欲望的满足的限制，除非运用各种社会机制将固有的社会限制强加于每个人身上，这些社会机制可以是价格（迫使每个人限制其对物质产品的消费），也可以是道德传统或社会压力（限制人们对彼此造成的精神痛苦的总量）。第二个标准需要有一系列把固有的社会限制传递给个人的系统程序，它们适用于所有人，包括最智慧的思想家、最高尚的领导人或者最慈悲的人道主义者。只有当所有的一切都被包括进它认为的人类的局限中时，有限的观念才是完整的。

正如有限的观念认为的那样，人永远不能计划，甚至不能实现当前水平的物质和精神福祉，它被视为演化系统的互动的产物。这些互动吸收了在一个较长的时间范围内大量群众的经验并适应了他们的偏好（表现在行动上而不是言语上）。有限的观念认为未来的进步是这种系统性互动的延续，但会受到威胁尝试用个人制订的社会计划取代这些演化模式。

在有限的观念中，演化而来的系统性互动的巨大重要性并没有使有限的观念成为一种集体选择的观念，因为最终结果根本不是选择出来的——在自由放任经济学下产生于竞争的价格、产出、雇用和利率就是经典的例子。严格遵守成文法的法官避免选择结果本身，这是法律领域类似的例子。自由放任经济学和"白纸黑字"（black letter）的法律实质上是个框架，里面存在着拥有实质上的自由裁量权的无数个人。

无限的观念

根据自由裁量权的归属和自由裁量权的模式，对无限的观念所做的操作性定义避开了那个最终不可能完成的任务，即确定一种观念必须在多大程度上不受限制才能得到这个标签。即使是经典的无限的观念——比如说在葛德文和孔多塞那里——也承认人类的死亡以及错误观念的存在，这些是他们要积极消除的对象。这种努力如若成功，最终会带来这样一个社会：必要的社会权衡会被个人自愿接受，因此对所有的实际目标来说社会权衡就成了解决方案。无论是葛德文还是孔多塞都承认，即使是在这样一个世界中，人类繁衍出越来越多人口的生物能力包含了造成灾难性贫困的潜能——但是，决定性的前提是这种潜能实际上会被纳入对结果的理性预期之中。[1] 权衡是抽象的，但是解决方案是实际的。

对于无限的观念而言，没有必要最终让每个人单独和自发地达到能够提出智力和道德解决方案的水平，更没有必要让他们以相同的时间或速度达到这一水平。相反，属于无限的观念传统中的人几乎总是假定一些智力和道德的先锋远远超过其同时代的其他人，并以这样或那样的方式带领他们朝向越来越高的理解和实践水平发展。这些智力和道德的先锋成为代理决策者，直到人类最终进步到人人都能做出社会决策的程度。葛德文观念的一个特殊的变体是每个人在本质上都充当社会代理者的角色,独立做出决定,也承担社会责任,而不是在考量中把个人的利益放在首要地位。商人、大学生和其他人的这种"社会责任"传统蕴含着一种识别个人行为的实际社会影响的能力——这是无限的观念的一个隐含假定,并被那些持有限的观念的人明确反对。[2]

无限的观念的核心是相信在人的局限中存在着一种潜能,这种潜能使得人们主动而不是被动地接受实际的社会解决方案。在一个过渡期内,那些持无限的观念的人可能确实提倡实行比持有限的观念的人所接受的更严厉的强制措施。持无限的观念的人支持这种过渡方案的意愿,正是基于这样一种信念——在通往比目前更多的自由和普遍福祉的道路上,它只是必要的过渡。

而且,不是所有无限的观念的信徒都认为有必要实行这种措施强硬的过渡。葛德文反对通过武力来实现他所希望看到的那种世界,[3]而费边社会主义者,比如萧伯纳,则认为这种过渡完全没有必要,至少在英国是这样。[4]对于他们二人而言,暴力是不可取的,其他方法也是有效的。在无限的观念中,人类更高的智力和道德能力允许他们更多地依赖由拥有必备的道德义务和智力技能的人直接创造的社会结果。因此,界定这种观念的是这种自由裁量权的归属和自由裁量权的模式,而不是是否存在暴力。

尽管自由裁量权的模式与自由裁量权的归属相关，但是它们是不同的考量。比如，法西斯主义非常强调代理人决策，但它并不是一种无限的观念，因为无论是决策的模式还是选择领导人的模式都没有清晰地表达出理性。不是只有非法西斯主义者发现法西斯主义是非理性的，法西斯主义自己的信条也认为决定性的情感联系（民族主义、种族）以及利用暴力作为政治的驱动力是正当的。只有自由裁量权的归属和自由裁量权的模式两者都一致地反映了有限的或者无限的观念的潜在假定时，一种特定的社会哲学才能被毫不含糊地置于某种观念之下。

操作性定义把社会理论——特别是复杂的社会理论——要么置于有限的或者无限的观念之下，要么归于两种类型之外，因为这两个同时出现的标准提供了一种更明确的方法，而不是简单地考察一个作者对人性的孤立评论。毕竟，决定观念性质的不仅仅是特定假设的呈现，而是如何将这些假设纳入实质性分析。

根据自由裁量权的归属和自由裁量权的模式这两个标准，比如说，约翰·罗尔斯（John Rawls）的《正义论》（*A Theory of Justice*），就是一种无限的观念——即便其核心主题是平等和生产物质福利之间的权衡。在罗尔斯那里，自由裁量权的归属是代行决策的"社会"，它能够选择集体的权衡并根据正义原则安排结果，而且这些原则是由理性的术语明确推导出来的。尽管正义的原则在逻辑上源自假设的个人的偏好，尚未出生的人的"原初状态"（original position）决定了他们想要居住的世界是什么样的 [5]，但在应用这些原则时，自由裁量权归属于"社会"或集体的"我们"，即代理决策者。

罗尔斯的无偏见的未出生者（unbiased unborn）在功能上与亚当·斯密的《道德情操论》中的道德原则——"公正的旁观者"（impartial spectator）类似。[6] 在两种观念中，这些假定的存在被用来在推导社会原则时规避个人或者阶级私利的偏见。区别是，亚当·斯密的"公正的旁观者"是每一个人的良心，每个人在法律和其他社会限制的框架内保有道德的（以及经济的）自由裁量权，这种自由裁量权也反映了相同的"公正的旁观者"的道德标准。在两种观念中，假定的存在规定了社会原则，但是，自由裁量权的归属依然是真实的人——在罗尔斯那里通过代理人集体行使，而在斯密那里则是个人行使。无论是在有限的还是在无限的观念中，一个社会框架是一个集体的产物，但是，自由裁量权的持续行使把它们分为有限的观念的自利的个人决策者，以及无限的观念的集体代理决策者。

"集体决策"和"代理决策"两个术语在这里的用法或多或少是可互换的，尽管严格来说它们并不一样。比如，"市镇会议民主"意味着没有代理人的集体决策，即便官员们执行的决定是由市镇会议做出的。公投政府同样可能制定集体决策，但官方本质上是代理人，而不是自由裁量权的主要行使者。然而，无论是有限的还是无限的观念都没有把太多的注意力放在这种特殊例子上，复杂的民族国家不是这种情况。因此，就当前的目的而言，无限的观念中集体的代理决策可以与有限的观念中个人的、自利的自由裁量权形成对比。

某种特定的观念可能位于有限的和无限的观念之间的连续体上的任何地方。它也可能结合了两种观念的要素，结合的方式要么是一致的，要么是不一致的。马克思主义（Marxism）和功利主义（Utilitarianism）是混合观念的经典例子，尽管混合的方式非常不同。

混合观念

马克思主义

马克思主义的历史理论本质上是一种有限的观念，随着限制在几个世纪内逐渐放宽，最终以共产主义这种无限的世界结束。[7]然而，在最终的共产主义降临之前的任何特定的时间内，人们不能逃脱——物质上或道德上——自己所处时代的内在限制。正是知识、科学和技术所创造的新的可能性的增长减轻了这些限制，从而为那些面向未来的新选择的人和那些献身于当前社会的人之间的冲突奠定了基础。这就是马克思认识历史并划分时代转变（比如，从封建主义到资本主义）的方式，以及预测从资本主义到共产主义的类似转变的方式。

这种混合的观念使马克思主义与其他社会主义传统发生矛盾，其他社会主义传统的无限的观念用不受时间影响的道德标准谴责资本主义，而不是把资本主义作为一个曾经创造了新的社会机会，如今却过时了的进步体系来看待。

马克思谈及"资产阶级制度的伟大及其暂时的必要性"[8]，这种观念与持无限的观念的社会主义者格格不入——对他们来说，资本主义就是不道德的。在与邪恶做更加保守的妥协时，马克思暂时在道德上接受过去的资本主义，其前提是：在过去历史的某一特定时期以及在那个时代的内在限制之下，没有什么更好的制度是可能的。他在自己所处的时代致力于推翻资本主义的前提是，新的选择现在使资本主义既是不必要的，也束缚了生产力。

马克思因为相信内在限制的存在而与其他社会主义者不同，但他也与斯密和柏克等人不同，这些人认为这些限制是人性中固定不变的。对马克思来说，限制归根结底是物质生产的限制，而那些限制的前沿会被科学和技术的进步推翻。最终，实现社会主义传统的长期目标的前提条件将会出现，包括产品的生产和分配"各尽所能，各取所需"。但是，如果不考虑经济发展的阶段和受其影响的人们的态度，就不可能简单地发出这样的指令。

根据马克思的观点，在"生产力也随着个人的全面发展而发展，以及所有合作产生的财富的源泉都更加丰沛之后——只有那时，资产阶级法权的狭隘眼界才能在以'各尽所能，各取所需'为铭言的整体和社会之中被超越"。[9]因此，若干世纪以来，马克思的观念被划到有限的观念的阵营中，尽管他认为人性的限制会逐渐减少并最终完全解除。恩格斯把这称为"人类从必然王国到自由王国的上升"。[10]

马克思主义学说在分别被运用到历史和未来之时，反映了有限的和无限的观念各自不同的推理。回顾历史，马克思主义认为因果关系就像有限的观念所认为的那样，是系统性的而非刻意的。用恩格斯的话来说："每个个体所希望的却被其他人所妨碍，而所出现的东西却是没有人希望出现的。"[11]当涉及资本主义和前资本主义的历史时，个人的目的在马克思主义中作为社会因果关系的一个源泉而被彻底拒绝，就像在亚当·斯密那里或者其他有限的观念的典范中一样。[12]马克思并不认为资本主义经济是由资本家的个人目的直接控制的，而是由系统控制的——比如，生产成本随着技术的发展降低，从而迫使他们降价[13]，甚至是在经济危机期间以低于成本的价格甩卖。[14] 与之类似，资产阶级的民主政府被认为难以控制威胁其统治的政治起义的趋势。[15]

马克思主义关于过去的道德和因果结论与有限的观念是一致的。对古代的经济和社会制度来说，马克思认为奴隶制和乱伦在历史上有其正当性，因为那些原始时代内在的限制更大。[16] 马克思也不认为革命之后的政权能够摆脱束缚，审慎地决定何时消灭这个国家；相反，系统性条件会决定国家何时并如何最终"消亡"。[17]

只有在某个不确定的未来，马克思主义所追求的无限的世界才有望实现。在谈及那个世界，并将其令人满意的特征与资本主义的特征相比较时，马克思的语言就变成了无限的观念的语言。在马克思的共产主义中实现的个人"真正的"自由，意味着"维护其真正个性的积极权力"，而不仅仅是有限的观念中"资产阶级"的自由——"逃避这或那的消极权力"。

根据马克思和恩格斯的观点：

> 只有在集体中，个人才能获得全面发展其才能的手段，

也就是说,只有在集体中才可能有个人自由。①18

往回看的时候,马克思和恩格斯认为资产阶级自由——从故意强加的限制中解放出来的政治自由——的出现是"朝前迈出的一大步",尽管不是"人类解放的最终形式"。然而,这样的自由是"事物普遍秩序中的最终形式"[19]——在马克思的设想中,所谓普遍秩序,就是共产主义之前的有限的世界中的秩序。在资本主义的框架下,马克思认为工人仅仅是在"名义上自由"[20];他们"被社会条件强迫"去为剥削他们的资本家工作。[21] 真正的自由是无限的观念中的自由,将在未来无限的世界中实现。这种自由以无限的观念的方式被界定为一种结果,而不是以有限的观念的方式被界定为一种程序。

马克思在运用有限的观念的概念分析过去时和在运用无限的观念的概念与他设想的未来进行比较并批判当下时,并不是相互矛盾的。准确地说,他的整个历史理论是限制随着时间的流逝、随着科学和技术的进步而减弱,社会变革也随之发生。[22] 作为当代政治倡议的一个体系,它是一种无限的观念——一种理论,认为我们时代的弊病是由一套错误的制度

---

① 译文选自《德意志意识形态》,[德]卡尔·马克思、弗里德里希·恩格斯著,中共中央马克思恩格斯列宁斯大林著作编译局译,人民出版社2018年版。

造成的，而代理决策者根据清晰表达的理性做出的集体选择，是未来自由裁量权的恰当归属和模式。

功利主义

功利主义是一种与马克思主义大异其趣的混合型观念，而且在其两位主要的支持者杰里米·边沁和约翰·斯图亚特·密尔中混合的程度也不一样。边沁并没有开创功利主义的基本概念，[23]但是对它们进行了系统化，把它们吸收进一套政治学说之中，并在19世纪初期的英国建立了一个在学术上和政治上都很活跃的学派。约翰·斯图亚特·密尔是那个学派的第二代领军人物，他也非常有意识地将不同学派的思想融入他的哲学见解中。密尔实际上寻求的是一种混合观念。

正如杰里米·边沁认为的那样，人是彻底地、无情地、无可救药地自私的。[24]但是，无论这种道德限制有多么严重，人的智力眼界是广阔的。尤其是，理性地构建社会体系在人的能力范围之内，因此人能够制造"为最大多数人带来最大利益"的结果。功利主义观念的有限的方面在于人天生的道德局限，以及因此要依靠更好的激励措施而不是更好的分配来调和个人欲望与社会需要。边沁努力的直接目的是创造由政府实施的激励计划，政府的功能是"通过惩罚和奖励促进社会的福祉"。[25]

然而，对代理决策者的依赖似乎在操作层面上可以把边沁的功利主义放在无限的观念的类型之中，尤其是其中的自由裁量权的模式是非常理性主义的。[26]然而，边沁对政府结构化激励的倡导并没有扩展到要求政府对经济大规模的控制。事实上，边沁甚至反复宣称自己是亚当·斯密自由放任经济学的信徒，当讨论高利贷法律的时候，他甚至指责亚当·斯密在执行自由放任政策方面走得还不够远。[27]边沁反对经济中的代理决策，他认为一个自由而理性的成年人应该不受阻碍地进行他选择的任何非欺骗性的金融交易。[28]

边沁并不能完全被归为有限的观念的传统，也不能完全被归为无限的观念的传统。然而，他在法律和政治领域最知名的著作操作性地反映了无限的观念，尽管没有达到葛德文或孔多塞的程度。但是，边沁在经济学领域较不知名和较少的原创性的著作则基本上追随了亚当·斯密的有限的观念——尽管和斯密的推理并不总是相同。比如，他不允许立法者重新分配财富的原因不是恰当地分配财富超出了人的智力和道德能力，而是出于一个具体清晰的原因——财产的不安全将会减少后续的生产。[29]

约翰·斯图亚特·密尔对边沁的尊重，以及他对功利主义哲学（他推广了功利主义[30]）的改良性继承，并没有阻止他对边沁的观点的范围和内容进行批判[31]，也没有阻止他在塞缪尔·泰勒·柯勒律治（Samuel Taylor Coleridge）那里刻意地寻找一种相反的、互补的、矫正的社会观点。[32] 密尔并不像边沁那样鄙视其他学派的思想家。[33] 事实上，密尔在一般的社会思想家中是超凡的，因为他不仅研究了许多其他的社会理论家，而且还在形成自己的结论时借鉴了他们的观点。即便面对他认为明显是错误的理论，他也要"确保重要的真理碎片不会被埋没或者丢失在错误的废墟中"。[34] 密尔的这种学术上的宽容可能导致：（1）对议题的细微平衡的思考；（2）一种自相矛盾的折中主义。无论是哪种情况，它都使密尔很难被明确地划分在有限的观念或无限的观念的阵营中，尽管他的哲学的总体主旨是由后面一种观念提供的。事实上，他在道德领域给出了无限的观念最清晰的陈述之一：

> 现在有，而且曾经一直有许多人，在他们那里，爱国主义或者善行的动机一直是行为永久不变的原则，高于任何普通的原则，而且在许多情况下，高于任何可能的个人利益的诱惑。现在有，而且曾经一直有群众，在他们那里，良心或道德义务的动机一直是最重要的。在人性的结构中，没有任何东西可以禁止他们在全人类中成为这样的人。[35]

在许多议题上，密尔大胆地坚持从无限的观念（比如，法律是制定出来的，不是演化而来的）中得出结论——紧接着的是来自有限的观念（法律中的这些变化令人绝望地低效，除非它们与特定民众的传统和习俗一致）的附加条件。类似地，通过收入的分配，密尔把两种观念结合在一起。他断言，与受收益递减制约的生产规律不同，收入分配规律不受制约。尽管"意见"和"希望"不影响生产，但是，当涉及分配时，它们是最重要的。产出的分配"是人类制度独有的事务"。密尔宣称：

> 事情一旦在那里，人类（个体或者集体）就能根据他们的喜好加以处理。他们能够把事情交给他们愿意托付的人去处理，无论根据什么条件……因此，财富的分配取决于社会的法律和习俗。这些法律和习俗所依据的规则是由共同体中统治阶层的意见和感觉所制定的，这在不同的时代和不同的国家非常不同；如果人类愿意的话，可能会更加不同。[36]

这似乎是对建立在无限的观念基础上的无限的选择的清楚的陈述——但是，它仅仅看起来是这样。对于本段来说，密尔的附加条件是：分配的具体规则的"结果"超出了人的控制——"与生产规律一样，几乎没有随意性，并且有着和物理定律同样的特点"。[37] 限制被明确地否定，但又被含蓄地接受。类似的大胆断言和毁灭性的附加条件甚至出现在密尔更加严密的技术性经济分析中，其中有对古典经济学关于衰退原因和其中货币作用的分析强有力的辩护——其后的附加条件再次证明了上述批评的要点。[38]

密尔的言辞大部分是无限的观念的言辞。他从有限的观念得出的附加条件加大了对其整体定位进行分类的难度。

总结与启示

有限的观念和无限的观念有许多引人注目的特征，然而这些特征并不能界定它们。在决定人的行为时清晰表达的作用、外部激励相对于内心成见的重要性、知识和理性的含义、忠诚与真诚的作用——所有这些都揭示了持有限的观念的人与持无限的观念的人在特征上的差异。然而，即使是这些明确的特征，也不能界定这两种观念。它们之间的核心差异是这样一个问题，即人的能力或潜能是否允许通过代理人清晰表达出来的理性来为集体做出社会决策，从而产生所期望的特定社会结果。重要的议题归根结底不是特别想要什么（一个关于价值前提的问题），而是实际上能实现什么（一个关于事实和因果的问题）——在实际操作中，被认为无法实现的目标会被拒绝，即使它在抽象的道德上是优越的。在后面的各章中，即使是像平等、权力和正义这样表面上带有价值意味的问题，本质上也被作为事实和因果的问题进行分析。

在实现无限的社会的过程中，无限的观念中的自由裁量权的归属是代理决策者（个人的或制度的），这个决策者做出集体的最佳选择，无论是在经济学、法律还是在政治学中，无论是为了一个有限的决策范围还是为了整个社会的组织。与之相比，在有限的观念中，自由裁量权的归属事实上与人口数量一样多。虽有权威存在，但是他们的作用基本上是维系好一个社会框架，其他人在这个社会框架中行使其自由裁量权。

社会观念的全部类型并不能简单地二分为有限的和无限的这两种，尽管值得注意的是，过去两个世纪的许多重要观念都符合这两种类型。此外，这种二分法也会延伸到道德、经济、法律和其他领域。这在经济学家的身上体现得尤为明显，他们在自己的领域中持有限的观念，因而在法律和政治领域也倾向于持有限的观念；与此同时，在法律领域持无限的观念的人，也倾向于支持与无限的观念相一致的经济和政治政策。这在后面的各章中将得到更清晰的证明。这种跨领域的一致性在当代并不多见，但这只不过是因为跨越学科界限的社会思想家并不多。现代学术的专业化使得18世纪那种跨领域的笼统观念在今天不再常见。当代的观念更可能限定在一个特定的领域——比如法律中的"司法能动主义"或者经济学中的自由放任，尽管也一直存在少数且数量还在不断减少的20世纪的思想家，比如纲纳·缪达尔（Gunnar Myrdal）或者弗里德里希·哈耶克，他们的著述涉及广泛的议题，已经超出了单一的知识学科。然而，使一种观念成其为观念的，不是它的范围而是它的一致性——隐含前提和特定结论之间的一致，无论那些结论覆盖的范围是窄还是宽。

虽然如此，除了存在单纯的无限的观念和有限的观念，还有一些其他非常重要的社会观念——比如马克思主义和功利主义——它们并不能完全归为这两种观念中的任何一种。此外，法西斯主义也是一种混合观念，它在20世纪的兴衰令人惊叹。在这里，有限的观念的一些关键要素——对权威的服从、对其人民的忠心、心甘情愿的战斗——被强烈地唤起，但人民总是处于一个持无限的观念的领导人至高无上的命令之下，处于不履行法律、传统、制度乃至基本礼节所规定的义务的情境中。作为有限的观念核心的系统性程序被极权主义所否定，这种极权主义反对每一种独立的社会程序，从宗教、政治，到经济自由。法西斯主义擅用了有限的观念的一些象征性的方面，而不是赋予它们有意义的系统程序。这是一种无限的观念的统治方式，这种统治方式把知识的范围和对公共利益的奉献归结于领导人，而这与有限的观念所援引的象征完全不相容。

有限的和无限的观念的追随者都认为法西斯主义是论敌观念的扩展。对政治左翼来说，法西斯主义是"极右"。相反，对哈耶克来说，希特勒的"国家社会主义"（纳粹主义）实际上既是观念上的社会主义，也是付诸行动的社会主义。

矛盾和混合的观念使得把有限的和无限的观念简单地等同于政治上的左翼和右翼成为不可能。马克思主义是政治左翼的缩影，但它并不属于在非马克思主义的左翼中占主导地位的无限的观念。自由至上主义者（libertarians）这样的群体也不容易被简单地归类，无论是按照左-右连续体来划分，还是按照有限的和无限的观念来划分。尽管当代的自由至上主义者被认为与以 F. A. 哈耶克为范例的有限的观念的传统相一致，并可以追溯到亚当·斯密，但是他们在另外的意义上更接近于葛德文关于社会的原子式的观念及其认为应由理性的个人良心主导决策的观念，而不是接近于斯密和哈耶克更为有机的社会概念。葛德文对战争的看法（参见第 7 章）也使他更接近于自由至上主义（libertarianism）中的和平主义倾向，而不是更接近于斯密或者哈耶克。自由至上主义中的这些相互冲突的要素，非常能够说明假设的微小变化所能导致的差异。

葛德文深刻地意识到一个人有道德上的义务去照顾自己的同胞[39]，但是这并没有引导他得出结论说政府是履行这种义务的机构。因此，他无意破坏私有财产[40]，也无意让政府管理经济或重新分配收入。在支持私有财产和自由市场方面，葛德文与斯密、哈耶克以及现代自由至上主义是一致的。但是，在谈及对同胞的普遍道德义务时，他明显站在追随安·兰德（Ayn Rand）的自由至上主义者的对立面。根据葛德文的观念，正是理性的力量使得政府没有必要承担再分配的任务，因为个人有能力并最终自愿地进行分享。但是，如果认为理性的能力稍弱或自私稍强，那么，葛德文的论点和观念就可能被用来支持社会主义或者其他激进的再分配主义政治哲学。在历史上，葛德文的这种一般性观念在政治左翼中很常见，在那些怀疑自由市场并主张更多政府干预的人当中也很常见。

在逻辑上，一个彻底的自由至上主义者在反对政府控制方面，仍然可能相信私人的决策作为一个道德问题应该被引向利他的目的。同样，他也可以把这种原子式的自由视为追求纯粹的个人幸福的手段。在这些意义上，无论是威廉·葛德文还是安·兰德都能被纳入自由至上主义的贡献者之列。

无限的观念显然是政治左翼的大本营，比如，就像在萧伯纳和其他费边主义者中，在爱德华·贝拉米的《回顾》中，在约翰·肯尼思·加尔布雷思的当代经济学著作中，或者在罗纳德·德沃金（Ronald Dworkin）、劳伦斯·却伯

（Laurence Tribe）的当代法律著作中那样。然而，有限的观念尽管反对这样的哲学，但也与彻底的自由至上主义者的原子主义不一致。在有限的观念中，个人被允许拥有很大的自由，正是为了服务于社会目的——这种目的可能不是个人目的的一部分。比如，在有限的观念中财产权是合理的，并不是因为个体拥有相对于社会的道德上的优先位置，而恰恰是因为人们通过市场程序的系统激励而不是中央计划来做出社会决策的效率更高或成本更低。斯密认为社会有权为了公共利益规范个人的行为，比如，就像在火灾管理条例中那样[41]，或者像奥利弗·温德尔·霍尔姆斯宣称的"公共福利可以召唤最优秀的公民献出生命"那样。[42]

无论是左-右的二分法还是有限的和无限的观念的二分法，都没有纠缠于个人利益和公共利益的相对重要性。所有这些看法都认为公共利益至高无上，尽管就如何实现公共利益而言，它们完全不同。简言之，不是一种道德的"价值前提"将它们分裂开来，而是它们对人性以及社会因果的不同的经验假设将它们分裂开来。

社会哲学的这些二分法的另一个复杂之处是，20世纪的许多制度或法律先例体现了"自由主义"（美国术语）或"社会民主主义"（欧洲术语）的思想，因此，反对这些制度或先例的保守派往往要对抗这样的论点：这些东西是"前人留下来的"，而这基本上是保守主义的原则。政治右翼最终可能给出本应由左翼给出的理由，认为某些政策是"非理性的"，而左翼则将其作为公认的社会结构的一部分进行辩护，而这恰恰是右翼的传统立场。

虽然在某些情况下，这些看法可能仅仅是策略性的辩论，但其中确实也存在真正的哲学难题。在极端情况下，苏联存在已久的制度是其社会架构的一部分，而反对改革的共产党人有时被认为是"保守的"。热情支持自由市场原则的美国人中，自由至上主义者常常与福利国家制度方面的保守派发生矛盾，其中包括工会。工会是现在美国社会架构的一部分，这个观点在自由至上主义者的思想中几乎没有或者干脆没有分量，尽管一些保守派发现它很重要。

尽管意识到这种复杂性是有用的，但是，确切地理解两种观念之间的基本冲突也是必要的。这种冲突作为重要的意识形态现象已经持续了几个世纪，并且没有要消失的迹象。日复一日的政治实践中不可避免的妥协，就其性质而言，与其说是和平条约，不如说是停战协议。和其他的停战协议一样，它们有时会在世界各地激烈的相互指责甚至流血冲突中破裂。

在第一部分这几章中勾画出来的社会观念的一般模式提供了一个框架，让我们可以深入观察有限的和无限的观念在有高度争议的议题上的应用,这些议题涉及接下来第二部分各章中所讨论的平等、权力和正义。最后,我们将评估不同观念在一系列相关但又非常不同的概念中的作用,这些概念包括"价值前提"和范式等。

第二部分

应 用

第6章

平等的观念

平等,就像自由和正义一样,被持有限的观念和无限的观念的人们用完全不同的术语进行理解。与自由和正义的情况一样,平等在有限的观念看来是一种程序性的特征,而在无限的观念看来是一种结果性的特征。

从18世纪的埃德蒙·柏克到20世纪的弗里德里希·哈耶克,有限的观念在程序中看到了平等。柏克说:"所有人都拥有平等的权利,但是这并不针对一切事物。"[1]亚历山大·汉密尔顿也同样认为,即使预测出"只要自由存在,经济不平等就会存在"[2],"所有人"也都应当"拥有同样的特权"[3]。正如有限的观念所述,无论实际结果是否平等,确保一视同仁的社会程序就代表了平等。哈耶克认为,"一视同与这样一个问题无关,即在特定情况下,这种一般性规则的应用是否会导致结果更有利于一个群体而非其他人"。[4] 并且,在哈耶克看来,存在着"无法补救的不平等",[5] 正如"对于每个个体而言都存在着无法补救的无知"。[6]

关于人的有限的观念引出了一个有限的平等概念——平等是人类能力范围内的一个程序,与之形成对比的是平等的结果型定义,后者所要求的智力和道德能力比我们假设的要大得多。他们的论点并不是减少或消除特定的不平等现象实际上是不可能的,而是为了减少或消除这些不平等现象而产生的程序本身会引发其他的不平等现象,包括增强政府作用所造成的危险的权力不平等。米尔顿·弗里德曼就有限的观念的这一方面进行了例证:

> 一个社会若是把平等(即结果平等)置于自由之上,那么最终的结果是既没有平等也没有自由。运用强制力量来追求平等,只能摧毁自由;而且,强制力量,即便最初是为了实现良好的意图才使用的,最终也会为一小撮人所攫取,他们以之来牟取私利。[①][7]

---

① 译文选自《自由选择》,米尔顿·弗里德曼、罗丝·D. 弗里德曼著,张琦译,机械工业出版社 2013 年版。

但是对于那些持无限的观念的人来说，这样的危险如果不是虚幻的话，也是可以避免的，因此，停留在纯粹形式的程序平等是不必要的，也是不可原谅的。葛德文问道，还有什么比所有人都为之做出贡献的社会产出"以某种程度的平等在他们之间分享"更可取和公正的呢？[8] 这两种观念都承认平等有程度之分，所以它们之间的分歧不是绝对的数学上的平等与一定程度的均等之间的分歧，而是关于要将什么平等化。在无限的观念里，平等是指结果（不同程度）的平等，而在有限的观念里，平等是指程序平等。尽管其他无限的观念的信徒在往这个方向走多远的问题上存在分歧，但是，葛德文仍准备承认天赋和财富的优势。[9] 无论程度如何不同，他们都认为平等是结果的平等。葛德文发出的哀叹——"一个省份的财富只是在大人物之间流动"，而"他的邻居却没有面包来果腹"[10]，在整个无限的观念的历史中不断回响。

平等即使被定义为"机会平等"或"法律面前人人平等"，它在两种观念中的含义仍然是不同的。即使这些概念是以前瞻性而不是追溯性的方式表达的，它们仍可以是：（1）实现给定结果的前景；（2）被程序规则以给定的方式进行处理的前景。

就有限的观念而言，只要程序本身对待每个人都是一样的，即无论是在职场上还是在法庭上都用同样的标准对他们进行评判，就意味着机会平等或法律面前人人平等。但是对于那些持无限的观念的人来说，把同样的标准套用到那些有着截然不同的财富、教育背景，或是过去有着不同机会和文化取向的人身上，就是在否定平等的意义。对于他们而言，无论是在教育、职场还是法庭上，机会的平等意味着实现既定结果的概率均等。

这可能需要社会程序为一些人提供补偿性优势，比如特殊的教育计划、优先雇用原则、政府付费的律师援助。虽然在历史上，"平权行动"以及"可比价值"（comparable worth）这些明确的议题在近期才得以出现，但是其背后的思维和观念至少可以追溯到18世纪。孔多塞表示，"一种真正的平等"要求社会政策"减少人与人之间的自然差异"。[11] 根据无限的观念，如果实现某一结果的概率不均等，形式上的平等即使不是伪善的话，也是不充分的。例如，萧伯纳曾讥讽过形式上的机会平等：

> 给你的儿子一支钢笔和一令纸，并告诉他，他现在有和我一样平等的机会写剧本，看看他会对你说什么！[12]

持无限的观念的人认为，至少不要忽视为使特定结果实现的概率均等而做出的努力。但对于有限的观念而言，试图挑出特殊的个体或群体受益者,是在为一种危险的原则打开闸门,其后果超出了启动该程序的本意和控制。同样,在这里他们并不是想断言逐一减少特定的不平等现象实际上是不可能的,而是认为这一程序所产生的新的不平等违背了总体目标,并造成了更多的困难和危险。美国最高法院一项具有里程碑意义的关于优惠待遇的裁决驳回了以下观点,即可以根据历史上遭受的不公正程度和他们有权获得相应的补偿性优待来对族群进行排序:

> 随着这些优待开始显现预期的效果以及过往歧视所产生的影响被消除,新的司法的排序将是必要的。做出这种排序所需要的社会和政治分析并不在司法职业能力的范围内……[13]

在同一案例中,一位持无限的观念的法官没有回应这一论点。相反,他以冗长的篇幅阐释了历史上的不公正和遭受的阻碍,这些都成了补偿性优待的论据,以便实现前景的平等化。[14] 这两种观念彼此争论不休。

因果关系

要使平等成为两种观念之间的议题,首先要存在不平等。

有限的观念和无限的观念对不平等的存在及其持续性的原因的解释是不同的。有限的观念的很多倡导者根本不解释结果的不平等，而无限的观念的很多代表人物则认为这种不平等居于智力和道德的核心。

长期以来，不仅是不平等的结果的存在和持续存在，不平等程度的差异也吸引着持无限的观念的人的注意。葛德文认为，财产所有权的不平等已到达了"惊人的程度"。[15] 对于萧伯纳来说，一个人获得的工资是另一个人的3000倍，这"是不道德的"。[16] 此外，如此重要的不仅是不平等的结果，不平等的来源也同样重要。萧伯纳说："地主富可敌国，他们中的一些人每天无所事事，却赚得比许多女人做60年的苦工还多。"[17] 类似地，资本家也被认为是以非常相似的方式致富的，利润被简单地认为是"索价过高"。[18]

这不仅仅是一部分人拥有太少而另一部分人拥有太多的问题，它还涉及因果关系：根据这种推理，一部分人拥有太少是因为另一部分人拥有太多。几个世纪以来，这种推理一直是无限的观念的一部分。富人以这样或那样的方式从穷人那里获取财富。葛德文认为，一些人的巨额财富源于"剥夺了别人获取幸福和尊敬的手段"。[19] 这样的推理国内外通用。因此，萧伯纳说，大英帝国"是寄生在外国劳工上的寄生虫"。[20] 对这种剥削的修正一直是无限的观念关注的核心。

不公正的获取的主题并不局限于直接的雇主与雇员的关系、企业与消费者的关系或者帝国主义与殖民地的关系，也存在于那些丧失劳动能力的人——"那些被赋予了较少身体或精神力量的人"——身上，他们并没有充分地分享这个社会的成果，不仅不被同情，而且被剥夺了权利。爱德华·贝拉米认为，现代社会的繁荣源于过去几代人的努力：

> 你是怎么成为这些知识和机器的拥有者的，哪一个代表了你所贡献的产品的价值？你继承了它，不是吗？并且，不是他们——那些被你驱逐的不幸的残缺的兄弟，和你联合继承、共同继承的吗？当你用面包皮来敷衍他们的时候，你没有掠夺他们吗？他们有权和继承人坐在一起，并且，当你把这些面包皮作为慈善时，你难道没有在掠夺的基础上附带了侮辱？[21]

精神上的痛苦加重了物质剥夺，这一论题长期以来成了无限的观念中一直反复出现的主题。在18世纪，葛德文宣称：

> 人类能够愉快地忍受巨大的困难，只要这些困难与社会中的其他人公平地分享，而且他们不会因为看到其他人的懒

惰和安逸而受到侮辱，因为这些人无法得到比自己更好的优待。但是，如果他们被迫看到别人的特权，如果他们在为确保自身和家人最基本的一点便利而一直徒劳地努力时，却发现别人在享受他们的劳动成果，这时，他们自身的灾难就会痛苦地加剧。[22]

意识到不平等且厌恶不平等的，并不只有持无限的观念的人。类似的反应对于18世纪的亚当·斯密和20世纪的米尔顿·弗里德曼来说已屡见不鲜。[23]用弗里德曼的话来说：

> 收入和财富的不平等现象，可谓遍布世界各地，我们大多数人对此深恶痛绝。一面是阔人们锦衣玉食挥霍无度，一面是穷人们食不果腹备受煎熬，此情此景，谁看了都不会无动于衷。①[24]

尽管斯密和弗里德曼（以及其他有限的观念的倡导者）提出了各种改良计划帮助穷人，[25]但他们都不准备对社会程序做出根本性的改变以期达到更大的平等。对于选择受限和备选程序中更大的危险的设想限制了补救措施的范围。此外，

---

① 译文选自《自由选择》，米尔顿·弗里德曼、罗丝·D.弗里德曼著，张琦译，机械工业出版社2013年版。

在弗里德曼看来，这些不平等并不是特定社会制度的产物，而是一种普遍的不幸，这种不幸在其他社会制度中更为严重。弗里德曼认为："只要允许自由市场运转起来，只要能够接近机会平等，普通人就能够达到从未梦想过的生活水平。"[26] 他认为，尽管物质丰富的现代资本主义国家在到处创造财富，其主要受益者还是普通人而非富有者。现代技术的奇迹对富人已经拥有的东西几乎没有带来什么改善，而它们极大地变革了大众的生活：

> 对古希腊的富翁来说，现代化的自来水管道可能没有什么用，因为他的仆役小厮们自会跑去为他打水。电视机和收音机也用处不大，古罗马的贵族们在家里就能欣赏一流的音乐家和艺人们的表演，他们也能把大艺术家豢养在家中。成衣、超市以及各种现代发明，不会给他们的生活带来多大的变化。现代交通和医学方面的进步，他们可能会感兴趣，但西方资本主义社会所取得的其他各项伟大成就，主要是给普通百姓带来了好处。[①][27]

弗里德曼和其他持有限的观念的人认为，"剥削"的情形

---

① 译文选自《自由选择》，米尔顿·弗里德曼、罗丝·D.弗里德曼著，张琦译，机械工业出版社2013年版。

能够被具有竞争力的经济的系统性特征所消除，这比政治领导人蓄意干预他们所无法理解的复杂经济程序更有效。风险不仅在于干预经济所带来的负面效应，更在于其导致了政治权力更加集中这样一个可怕的后果。简而言之，试图平衡经济收益会带来更大、更危险的政治权力的不平等。这是哈耶克《通往奴役之路》的中心主题。其结论是，民主社会主义结合了自由与结果平等的目标被宣称为"无法实现的"[28]，它作为导致专制的一种程序变革是危险的。

哈耶克没有将民主社会主义者指控为密谋专制者，事实上，他认为他们是真正有人性的人，缺乏实现其社会目标所需的"无情"。[29] 但在法律面前人人平等的原则和对政治权力的限制因为追求"社会正义的幻象"遭到了致命的破坏之后，民主社会主义者却被哈耶克看作为他人——包括法西斯分子（他们彻底破坏了自由）——铺平了道路的人。[30]

在其他问题上，当无限的观念的追随者谈及所寻求的目标时，有限的观念的追随者谈的是依据改变了的程序所制造的激励。

哈耶克说，无法补救的无知和无法补救的不平等如影随形。正是我们"不可避免的无知"，使得一般性规则的存在是必要的[31]，并且，社会程序的一般性规则与明确决定特定的个人或群体的结果是不相容的。"假设了一个人格化社会"的人[32]，假定了意图、目标和相应的道德责任。这个社会实际上存在一种演化的规则——并且"这种自发形成的秩序中的细节不会是正义或者不正义的"。[33] 政府，作为一个刻意创建的实体，会有意图地采取行动，对其进行道德判断，依据的是行动而非社会。[34] 政府，由有限的一组决策者构成，它不占有一个社会中的所有知识或任何接近它的东西，因此，政府实际上缺乏无所不知的能力去制定正义或者平等的结果。

一个"由无所不知的人组成的社会"，不需要正义或平等的程序这些概念。哈耶克认为，无限的观念的社会正义可能会被允许或强加到这样一种社会中，在那里，"每个行为都应该作为带来已知作用的手段加以判断"。[35] 但是，人类知识的有限性排除了一个拥有这种能力的社会的存在，这让适用于这个社会的道德标准变得毫无意义。因此，持无限的观念的人所坚持的道德标准应该被拒绝，并不是因为它是错误的，而是因为它与实际可行的社会选择无关，并且追求这种理想的程序会导致政府权力的集中，这种境况是危险的。

哈耶克认为，由于在不受控制的程序中要求社会正义是"荒谬的"，[36] 这样的需求意味着需要一种非常不同的替代程序。因此，道德成为这个备选程序的相对优势之一。哈耶克质疑："人们服从指令，以便使个人获得的利益被描述为正义或者非正义，这道德吗？"[37]

简而言之,有限的观念并不捍卫现存的不平等,也不会为了正义捍卫给定模式的经济或社会结果。哈耶克认为,"如果把市场机制分配利益和负担的方式刻意地分配给特定的人群,那么它在很多情况下就是非正义的"。[38] 市场程序的道德合理性取决于它产生的普遍繁荣和自由。

这两种观念之间的分歧不仅在于不平等的存在性、重要性和持久性,还包括不平等的程度。这个问题和其他问题一样,可以追溯至几个世纪之前。在 18 世纪,葛德文写道,"很多人虽然富有,但既没有聪明才智也没有崇高的美德"。[39] 有权有势的人很容易变得"对人冷漠,对别人的苦难麻木不仁"。[40] 一个国王"不过是一个普通的凡人,他会在力量、能力和美德方面被许多人超越甚至被更多人追平"。[41] "花环和冠冕,"葛德文说,"可能会被授予不值得的人,并沦落为被追逐之物。"[42] 他的目标不仅仅是不平等本身,还特别包括"不当的利益"[43]。这些主题的变奏仍然是无限的观念的一个显著特征。在 20 世纪,萧伯纳宣称,"巨大的财富是在没有最起码的闪光点的情况下获得的"[44],不仅仅是穷人,很多受过良好教育的人都"发现,在知识、天资、性格和公德心方面不如他们的成功商人,却获得了更多的收入"。[45]

无限的观念强调,有很多奖励具有无功而受禄的性质,但这并不代表持有限的观念的人就认为这些奖励是个人应得的。承认功绩的正当性，在持有限的观念的人中可以说是例外而不是常态，而且主要局限于次要人物，比如塞缪尔·斯迈尔斯（Samuel Smiles）、霍雷肖·阿尔杰（Horatio Alger）和威廉·格雷厄姆·萨姆纳（William Graham Sumner）等社会达尔文主义者，他们都被哈耶克明确否定。[46]也不是只有哈耶克一个人持此种态度。在有限的观念的传统中，领军人物几个世纪以来一直都在指出许多奖励的不正当性。有限的观念的道德正当性是对社会程序而非对程序中的个人或阶级的辩护。他们欣然承认，"难免会有些无价值的成功和有价值的失败"，奖励"部分基于成就，部分出于偶然"。[47]他们接受这种权衡，坚信不可能存在解决方案。但是，持无限的观念的人并不认同这样的信念，因此，他们认为接受已知的不平等是不可容忍的。

虽然这两种观念得出了完全不同的道德结论，但这不是因为它们的道德原则根本不同，而是因为它们在分析原因和影响时存在差异。在两种观念中，首先是导致不平等的原因不同，此外消除不平等的可行选择也完全不同。在18世纪，亚当·斯密和威廉·葛德文都对财富和强权的特权和自大愤愤不平，正如20世纪的罗纳德·德沃金和米尔顿·弗里德曼都对经济不平等感到愤恨那样。[48]然而，在因果关系的层面上，比如以什么样的成本能做些什么，会带来哪些风险，有限的观念和无限的观念的观点是不同的。

这两种观念都认为程序的平等可能意味着结果的极大不平等,只有让程序对不同的个人或群体进行非常不平等的运作,才能获得平等的结果。两种观点之间的差异在于它们对这些目标的优先级不同——而这反过来也反映出它们所设想的人能够在何种程度上有道德、有理由地决定合适的社会目标。在当代世界各国中,这两种观念最激烈的一个冲突是针对特殊社会群体的补偿性优待,这些优待的目的是让这些群体能够更接近于各自社会中较幸运的群体所能达到的结果。虽然这一具体问题是近期才显现的,但就其可追溯的历史来看,它所反映的观念的冲突可追溯至几个世纪以前。

这两种观念对于平等和自由的关系的看法也是对立的。在无限的观念中,平等和自由并不冲突,而是对类似原则的两个如影随形的应用,有时会被概括为"政治民主"和"经济民主"。作为结果,这是很显然的,因为平等化正是这两个概念的核心。但作为程序,它绝不像其本身那样清晰。有限的观念侧重于程序,它认为允许个人行动自由和规定社会结果平等之间存在重大的冲突。而且,这种观念认为,在保持非经济领域自由的同时规定经济的结果,这种期望是不切实际的。[49]

平等与不平等的类型

如果每个人在已开发了的能力（developed capabilities）方面是平等的，并且拥有相同的价值观和目标，那么平等的程序就能够产生平等的结果，从而满足这两种观念的期待。但这两种观念都不认为真实情况会如此。两个阵营中都有一些人认为个人或群体之间天生的潜力并没有很大差异，但这对于调和这两种观念之间的冲突也没有什么帮助，因为不是潜力，而是已开发了的能力的实际应用决定了结果。

没有人比亚当·斯密更相信人类与生俱来的平等了。他认为人类之间的差异比狗之间的要少[50]，哲学家和搬运工之间的差异纯粹是不同教养的结果[51]，他轻蔑地否定了美国白人优越于其奴役的黑人的学说[52]。关于财富和地位的社会不平等问题在无限的观念中一直是热议的焦点，但它在斯密的有限的观念中却没有引起多大关注。他在道德和经济上都反对把奴隶制作为一种社会程序。[53] 但是，收入和特权的差异等普遍的社会结果并没有被认为重要到足以凌驾于公民和经济活动自由的程序目标之上。

这也不是权贵阶层的党派之争。我在第 2 章中已指出斯密对商人的评价较低。他还多次指出贵族、皇室以及有权有势的人是如何深受广大群众愚蠢的崇拜的[54]，甚至达到了连他们的恶习都要效法的程度[55]——这种巨大的精神上的意外收益是如何被理所当然地接受的,而这些人甚至没有把普通群众当作他们的同胞[56]。一个著名的学者曾指出,几份社会主义演说可以由亚当·斯密的言辞拼凑而成。[57]但是斯密关于人和社会的有限的观念指向了一个相反的方向——自由放任的资本主义。

亚当·斯密的平等主义影响很大,但在有限的观念中也并非独一无二。例如,亚历山大·汉密尔顿在关于不同群体的道德水平方面有着相似的看法:

> 若要假设一类人的美德比另一类人的要多,经验就会告诉我们这是不正确的。逐一查看社区的富人与穷人,博学者和无知者。美德在哪里占优势?实际上,他们的差异不在于恶习的数量而在于恶习的种类,这是由阶级的不同造成的……[58]

持无限的观念的人说,人生而平等,但在经济和社会收益方面却差异巨大,这些特权既被视为理所当然,也只能报之以傲慢,也就是说当前的社会难以忍受不公并且必须彻底改变。有人会说,这样的系统必须被"不惜一切代价"地改变,"不管是否必要"。至少,社会流动必须增加。斯密没有得出这些结论。威廉·葛德文再一次被视为来自无限的观念的完美反对者，因为他完全同意斯密关于人生而平等[59]、财富和地位不平等[60]，以及特权的傲慢的观点[61]，但在需要剧烈变革的问题上却得出了相反的结论（尽管葛德文认为要通过完全和平的手段来完成变革[62]）。他们之间的不同之处在于他们关于人和社会因果关系的观念不同。

许多持无限的观念的人以及强烈反对结果不平等的人认为，反对他们的人无论是出于哲学立场还是狭隘的自利，一定是在支持结果的不平等。实际上，持有限的观念的人首先会热衷于某些特定的程序（自由选择、"法治"等），其次才会去关注是否有任何结果是平等或不平等的。他们可能一点也不反对印度"贱民"、非裔美国人或其他国家类似群体的进步——他们自己甚至可能会对这种进步有所贡献——但还是强烈反对这种意在促进这种进步的程序改革（由持无限的观念的人提出）。

这两种观念的信徒都相信人的能力是平等的，同样，他们也相信这些能力在不同社会群体之间存在巨大差异。一种观点认为，种族、阶级和男女在能力方面天生有很大的不同，对于这个结论来说，有限的观念是必要的，但不是充分的，而且实际上许多人拒绝这种观点，他们认为智力和道德限制是对所有人类而言的，群体之间并没有区别。至于已开发了的能力，无限的观念的倡导者比有限的观念的倡导者认为它更不平等。

正如第 3 章提到的，在无限的观念中，知识和理性的分布是非常不平等的，因为它将知识和理性定义为清晰的信息，而三段论式的理性则将它们更多地划入知识精英的领地。但在有限的观念中，知识的文化属性使其广泛扩散，而且，在竞争中，文化的演进和残存的系统逻辑使得知识精英的特殊逻辑天赋黯然失色。因此，霍布斯认为普通人在某些方面比受过高等教育的社会上的优秀者更有能力[63]，并且后者的社会主张至少在斯密、弗里德曼和哈耶克看来是值得怀疑的。然而，普通人与知识精英现有的智力和道德能力之间存在着巨大的鸿沟，这一直是无限的观念传统的一个长久特征。

在 18 世纪的世界里，大多数人都是农民，葛德文宣称，"农民糊弄地活着，有些像牡蛎一样可鄙地麻木"。[64] 卢梭将人民群众比作"愚蠢、胆怯的病人"。[65] 孔多塞说，"人类依然厌恶沉思人类历史的哲学家"。[66] 在 20 世纪，萧伯纳在"没有生存的权利"的"令人可憎的"人群中加入了工人阶级。他补充道："如果我不知道他们很快就会死去，也不知道他们不需要被像他们那样的人所取代，我就会感到绝望。"[67]

无限的观念认为，平等主义作为一种信念，其特征是认为社会的物质和其他收益应该更平等地进行分配，显然，无限的观念比有限的观念更倾向于看到人类现有能力的不平等。其中,经济学家提出了推进第三世界国家脱贫的方法。有限的观念的代表人物,例如P. T. 鲍尔(P. T. Bauer)和T. W. 舒尔茨(T. W. Schultz),将第三世界的农民群众描述成有价值的技能的资源库,并且有能力适应经济条件的不断变化,只要精英让他们在市场中自由竞争。[68]而那些在政治上偏左的人,例如纲纳·缪达尔,则将农民群众视为无可救药的落后群体,只能被受过教育的精英的不懈努力所救赎。[69]

只有在评估人类的潜在智力时,持无限的观念的人才会比持有限的观念的人给出更高的评价。当评估人类的现有智力时,持无限的观念的人趋向于给出较低的均值和较大的方差。较大的方差为代理决策提供了逻辑支持,无论是以经济中更多的政府计划、法律中的司法能动主义为形式,还是以国际机构对人口或海洋自然资源的控制为形式。当然,在这两方中,都可以找到反面例子。比如法国大革命的领导人或现代的列宁,他们都赞扬群众。但那些拥有或渴望权力的公开声明并不是决定性的证据。另外,柏克对支持法国大革命的"卑鄙的群众"的著名的负面评论,对柏克自己来说甚至不是典型的,[70]更不用说他所属的思想传统了。

更重要的是,两种观念各自的逻辑而非孤例指示出了它们各自前行的方向。除了明确的种族主义者或社会达尔文主义者外，有限的观念的追随者没有理由期望人类的能力存在巨大的差异，而这种差异是以使少数人能够获得而多数人不能获得的方式设想知识和理性的逻辑结果。当持无限的观念的人将大众的福祉作为他们的主要关切时，没有必要质疑他们的诚意，因为这不是选择而是他们假设的逻辑，即大众的福祉只有通过精英的领导力和承诺才能实现。

哪一种观念更能被称为平等的观念，取决于平等的哪个方面更重要。总的来说，有限的观念认为精英和大众在能力和道德方面更接近，而无限的观念认为精英和大众应更平等地享有收益份额。

总结与启示

有限的观念和无限的观念关于人类的重要分歧不在于它们对人的理解本身，而在于它们各自对人类潜力的理解不同。无限的观念很难以乐观的方式看待当今世界的普通人。相反，一些对普通老百姓现有能力的最彻底的否定来自持无限的观念的人，从 18 世纪的葛德文到 20 世纪的萧伯纳——即使他们敦促全面的经济平等。确实，主张全面实现物质条件平等化的一个理由是：它能使群众改善自己，更充分地享受生活。简而言之，相较于有限的观念，在无限的观念中，实际能力和潜在能力之间的差距更大,当前的人民群众和拥有先进知识及道德潜力的人之间的差距也更大。

因此,"平等"的概念在这两种观念中具有相反的含义。持无限的观念的人认为,物质条件更大程度的平等化是必要的,即使实现它需要更先进的道德和智力水平来限制市场中他人的自由裁量权,或通过法律中的司法能动主义,或通过其他社会或政治手段。同情、领导力、奉献和理性等概念是无限的观念的显著特征。

然而,有限的观念认为实际能力和潜在能力之间的差距要小得多,因此,智力和道德精英与普通人之间的差距也相应地要小得多。在特定的专业领域内可能存在着巨大的差异——因此柏克对专业领域内的权威人士表示尊敬[71]——但这种观念的信徒长期以来一直指出,在某些领域,普通群众要比知识分子更胜一筹,因此,不存在这样的普遍优势能够证明一个群体限制他人的自由裁量权并充当其代理决策者是正当的。持有限的观念的人认为,自由裁量权的平等比条件的平等更重要。

这两种观念各自对于当前人类能力(智力和道德)的评估,与其说是对平均值的估测不同,不如说是对方差的估测不同。在某种程度上,一些人的自由裁量权应当被另一些人的自由裁量权所取代——无论是通过影响力还是权力,并不取决于普通人的平均理性，而取决于不同群体的理性之间的差异。这种差异越大，代理决策者代替他人行使自由裁量权的正当性就越强。

当这种差异被认为只存在于特定的专业领域时，缺乏独特专长的个人可能仍然能够保有"自由选择权"——从医生、律师和摄影师等那里购买他们认为合适的专业知识。但是当这种差异被认为存在于一般领域时，外行就缺乏选择代理决策者的数量和种类所需的先决条件了，更不用说拒斥其基本原则了。因此，"一个更平等的世界是一个更好的世界，即使大多数人喜欢不平等"[72]。

这两种观念的冲突不在于平等的程度，而在于要平等的是什么。在有限的观念中，平等是在大多数人的普遍经验的基础上尽可能平等和单独行使的自由裁量权，而不是少数人的特殊表达。在无限的观念中，有些人拥有智力和道德立场并特别关切他人的幸福，在这些人的影响或权力之下，生活的物质条件应当是平等的。

第 7 章

权力的观念

　　社会决策中权力的作用在无限的观念思想传统中往往比在有限的观念中要大。也就是说，当世界是根据无限的观念构想时，社会中发生的大部分事情可以由权力的刻意运用来解释——无论是政治的、军事的还是经济的。因此，作为一些人行使权力的结果，令人不满的社会环境更容易在道德上受到谴责，并且也更容易被视为朝着不同目标行使权力就能从根本上改变的东西。在有限的观念中，系统性程序产生的许多结果不是由任何人计划或控制的，而这使权力的解释作用小得多，因此，它为道德判断提供的机会更少，也使全面改革成功实现其目标的前景更加黯淡。

　　这两种冲突的观念对于权力的作用的看法涉及一系列

广泛的问题。直接武力和暴力意义上的权力不仅涉及战争与和平问题，而且也涉及犯罪与惩罚问题。政治权力及其效力也处于观念冲突的风暴中心。对于这两种观念来说，各种经济和社会权力的存在性、重要性及有效性也是不同的。既然权力的重要性、普遍性和有效性不同，那么相应地，这两种观念对于权力分享或集中的不平等程度、权力因各种社会条件削弱或增强的程度的看法也是不同的。因此，法定权利作为对抗权力的堡垒，它的作用在有限的观念中和在无限的观念中是截然不同的。此外，这两种观念对权力的定义也截然不同。

武力和暴力

从犯罪到战争，武力和暴力有很多种形式，包括隐藏在政府背后的武力和暴力的威胁。武力的理由和道德正当性在有限的观念和无限的观念中完全不同。理性，作为武力的一种替代，其作用在两种观念中也是不同的，从养育孩子到国际关系的每一件事都是如此。不过这些差异并不源于"价值前提"。要达成某一特定效果，这两种观念都倾向于使用清晰的理性而不是武力。但它们在评估清晰的理性的效果方面却大不相同。无限的观念认为有效性来源于清晰的理性，因此使用武力是特别令人反感的。

在人类生活的其他方面,无限的观念寻找武力与暴力、战争与犯罪等罪恶的具体原因,而有限的观念理所当然地将这些罪恶看作人性固有的,并且寻求可以容纳它们的装置——也就是说,去发现和平、法律和秩序的原因。

战　争

考虑到战争的恐怖,以及没有真正赢家的结果的经常出现,无限的观念倾向于将人为灾难的存在和重复发生解释为智识上的误解或丧失理性的敌意和偏执情绪。简而言之,无论是由于缺乏深谋远虑和沟通,还是因为情感压倒一切的判断,战争都源自理解的失败。因此爱好和平的国家减少战争可能性的措施包括:(1)提高人口中智力或道德水平更高的那部分人的影响;(2)与潜在的敌人进行更良好的沟通;(3)抑制好战的言论;(4)限制军备生产或军事同盟,这两者中的任何一种都可能导致对抗措施不断升级;(5)降低民族主义和爱国主义的重要性;(6)与潜在的敌人就尚未解决的分歧进行谈判。

有限的观念对战争的看法则完全不同。该观念认为,战争对那些期望自己、自己所属的阶级或民族会从中获益的人来说是一种完全理性的活动,无论这些期望是否像所有人类的计算那样经常是错误的。他们并没有把他人的痛苦也计算在内,这对持有限的观念的人来说并不意外。从这一角度出发,一个谋求和平的国家为降低战争的可能性而采取的措施可能会与持另一种观念的人截然相反:(1)通过军事准备和军事同盟提高潜在侵略者的战争成本;(2)在受到威胁的时候,提高公众的危机意识;(3)提高爱国主义和自愿战斗的意愿,提升侵略者发动进攻的成本;(4)更多地使对手意识到你的军事力量,不要仅进行口头交流;(5)在威慑的范围内协商,不对敲诈勒索让步,因为这会鼓励敲诈勒索变本加厉;(6)更多地依赖公众的良好意识和毅力(反映为文化上有效的经验)而非更容易受言辞和潮流影响的道德家与知识分子。

有限的观念认为战争同其他罪恶一样源自人性,并能够被制度遏制。无限的观念则认为战争与人性相悖,是由制度引起的。葛德文通常将战争视为政治制度的结果[1],更确切地说是非民主制度的结果。"战争和征服,"葛德文说,"将永远不会发生,除非存在多数人是少数人的工具的情形。"

这种对罪恶的局部化(localization of evil)是无限的观念的标志之一。如果导致罪恶的原因一定存在,只要这些原因没有广泛扩散,以至于成为一般人性的一部分,这些局部的罪恶就可以被消除、反对或中和,从而产生一个解决方案。这种局部化的细节——无论是葛德文提到的非民主的制度，还是一些现代作者认为的资本主义经济——都不如局部化本身关键，这使解决成为可能。罪恶若是在整个人类中散布，那么它只能通过权衡解决，通过武断的方式处理则会带来不良的副作用。

在代表有限的观念的《联邦党人文集》中，战争似乎基本上不需要什么解释，联邦党人认为这是不言而喻的。如果美国13个刚刚独立的殖民地没有形成一个国家，那么，它们将不可避免地处于与对方不间断的战争中。对于联邦党人而言，显而易见的是："每当国家期望通过战争获取些什么的时候，它们通常就会制造战争。"[2] 他们不认为战争起源于专制者的局部邪恶，而是认为"人民战争与皇家战争一样多"。[3] 关于战争的具体原因的想法被一笔抹杀：

> 有时，人们扬扬得意地问道，如果各州不联合，那么，什么诱因会使它们彼此交战？对于该问题，这会是个充分的回答——恰恰是同样的诱因在不同时期使得世界上所有国家血流成河。[4]

有限的观念认为，战争不需要具体的解释，和平才需要解释，制造和平的具体规定才需要解释。规定之一就是军事力量:"一个因其弱小而被轻视的国家,甚至会丧失中立的特权。"[5] 这是对葛德文无限的观念的直接反驳,因为葛德文认为一个"无害和中立"的国家不会因军事威胁引发他国的"误会"或"攻击"。[6] 葛德文认为,增加军事力量、缔结军事联盟或维持势力均衡的政策,可能会导致战争。[7] 葛德文谴责维持军事力量所带来的成本,其中不仅包括经济成本,而且包括服从军纪[8]和传播爱国主义这样的社会成本,他认为这是"冠冕堂皇的无稽之谈"[9] 和"毫无意义的浪漫咆哮"[10]。在这种观念中,军人因其职业而低人一等。[11]

然而,在亚当·斯密的有限的观念中,对士兵的要求及其保卫人民的重任,将他的职业提升到了比其他职业更高尚的层面[12],尽管斯密承认,当一个人反复处于必须杀人或被杀的情况下,会有"人性的减损"[13]。这显然是一种可接受的成本——或权衡,而不可能是一种解决。斯密认为,爱国主义是自然的、有益的,并且在道德上是有效的,尽管他承认其有副作用。[14] 再次说明,这是一种没有追求解决的、斯密所接受的权衡。

犯　罪

犯罪是另一种被有限的观念和无限的观念的信徒分别以完全不同的角度看待的现象。犯罪的根本原因一直是持无限的观念的人的主要关注点。但是持有限的观念的人，一般不找寻犯罪的特殊原因，正如同他们不去找寻战争的特殊原因一样。在有限的观念中，人犯罪是因为他们是人——因为他们把自身的利益或自我置于他人的利益、情感或生活之上。有限的观念的信徒强调以社会的工具预防犯罪或以惩罚阻止犯罪的发生。但无限的观念的信徒很难理解人们如果只是无知，又是如何在没有任何原因作为动机的情况下犯下可怕罪行的。孔多塞问道：

> 有什么恶劣的习惯和违反良好信仰的做法，甚至于有什么罪行，是我们不能够从我们观察到做出了那种习惯、那种做法或那种罪行的那个国度的立法之中、制度之中和偏见之中揭示出其根源及其最初的原因来的呢？① 15

葛德文也同样说道："如果一个人认识到犯罪的严重性，他是不会实施犯罪的。"16 在 20 世纪，在一本受到高度赞扬的书中也同样提到"健康、理性的人是不会伤害他人的"17。这种观点认为，人们不得不以特殊的理由犯罪，无论是社会原因还是精神原因。因此，减少这些特殊原因（贫困、歧视、

---

① 译文选自《人类精神进步史表纲要》，孔多塞著，何兆武、何冰译，北京大学出版社 2013 年版。

失业、精神病等）是减少犯罪的方法：

> 大多数犯罪的基本解决方法是经济的——住房、健康、教育、就业、美容。如果要使法律得以执行——使穷人的权利得以实现——那么，我们就必须消除贫困。在我们做到这一点之前，法律的保护将不会是平等的。允许滋生反社会行为的条件继续存在下去就是我们最大的罪行。[18]

这两种观念的结论都合乎逻辑地遵循最初的假设。两种观念也都意识到大多数人对某些罪行感到恐惧，并且在道德上不可能犯下罪行。对于为什么这样做，它们的观点不同。有限的观念的人性观认为，对犯罪的厌恶是社会条件（一般的道德、个人荣耀以及人文情感）的产物，它们是社会传统和制度培养出来的。无限的观念认为，人性本身反感犯罪，而社会通过其自身的不正义、冷漠和无情破坏了这种自然的反感。

根据现代的无限的观念，社会"从人类精神中释放同情，也滋生了犯罪"[19]。无限的观念的人性观认为，盗窃、骚乱、强奸、抢劫这些犯罪行为"本质上是非理性的"，只有强加于不幸的社会阶层之上的不合理条件才能解释。[20] 诸如贫困、失业和僧多粥少等社会罪恶"都是犯罪的本源"。[21] 从这个角度来看，罪犯与其说是犯罪的个体原因，不如说他们是社会深层弊端的症状和传播器：

> 犯罪活动不仅反映了少数罪犯的特征，还反映了整个社会的特征。[22]

按照这一脉络的观点，20世纪60年代约翰·肯尼迪、罗伯特·肯尼迪以及马丁·路德·金的遇刺案需要人们对美国社会进行一般性反思，而不仅仅是对特殊的暗杀者进行反思。以这种方式进行讨论的人往往在广泛的社会、经济和政治问题上反映出无限的观念。但是，对于有限的观念中的人性来说，自然的犯罪激励普遍存在，因此必须创建和维持人为的反激励措施——尤其是道德培训和惩罚。亚当·斯密承认刑罚本身对于个人而言是一种消极的体验——但这是他愿意付出的代价，是一种在没有解决方案的情况下必须做出的权衡：

> 当犯罪者即将蒙受人类自然的义愤告诉我们他罪有应得的公正的报复时；当他违背正义时傲慢自大的神气，被惩罚逼近时的恐惧粉碎化为低声下气时；当他不再被人害怕时，他开始成为宽宏大量与慈悲者怜悯的对象。想到他即将蒙

受的痛苦,浇熄了他们因他曾经给别人造成痛苦而对他感到的愤怒。他们想要原谅与宽恕他,想要拯救他免于受罚,虽然他们曾经在所有冷静的时刻认为那惩罚是他罪有应得的报应。所以,他们在这场合有必要呼唤社会整体利益的考量来帮助他们。他们须以一个比较慷慨与全面的仁慈的命令,来抵消这个懦弱与偏颇的仁慈的冲动。他们须想到,对有罪者仁慈就是对无辜者残酷,他们须以他们为人类着想的那种比较广大的怜悯,来对抗他们为特定某个人着想的那种狭隘的怜悯。①23

但是,斯密看到了实施刑罚是一种痛苦的责任,而无限的观念的信徒将其视为对报复的一种不必要的放纵,是一种对"早期人类不人道行为的所有恐惧的残忍回顾"24。这种观念将罪犯视为受害者——用葛德文的话来说是"悲惨的受害者"25——首先是激起犯罪的特殊环境的受害者,其次是贪求惩罚的人们的受害者。葛德文认为,罪犯的"不幸"使他"有资格"得到比他可能得到的"傲慢和无情的忽视"更好的东西。26 死刑,尤其是强加给"这些被群体孤立和遗弃了的成员"的死刑,凸显了"民政机构的不公正"。27 诚然,罪犯给

---

① 译文选自《道德情操论》,亚当·斯密著,谢宗林译,中央编译出版社2008年版。

别人造成了伤害，但这是由"环境"造成的——这些环境是他和社会上层人员之间的唯有的差别。[28] 在这个观念的框架下，死刑只是"以刑事司法的名义进行的冷血屠杀"[29]。

在无限的观念的框架下，作为权衡的惩罚是野蛮的，因为有一种解决方案摆在眼前，那就是改造。这符合无限的观念对内在特性而非外在诱因的一般强调。"惩罚"，葛德文承认，"可能会改变一个人的行为"，但"不会改善他的情操"。惩罚"使他成为一个奴隶，积极谋求一种排他性的私利，并为恐惧所驱动——恐惧是自私中最低劣的激情"。如果处理得当，"他的改造几乎万无一失"。[30] 也就是说，一旦他真正理解他在做什么，他将回到不伤害任何人的自然状态。当代同样有类似的观点，即经过改造的罪犯"将无法让自己伤害别人，夺取或破坏他人财产"[31]。这种改变代表一种解决，而惩罚仅代表了一种权衡。接受权衡显然是毫无意义的，除非一个人的人性观属于有限的观念，因此不寻求解决方案。

两种观念对改造及其成效的看法是非常不同的。无限的观念的人性观认为，改造是使一个人恢复到或多或少的自然的体面状态的过程——原则上就像修复一条断腿，主要是让腿愈合并恢复其本身的条件，而非试图重新创造一条新腿。然而，在有限的观念中，体面是人为的，而非自然的，如果它没有在童年这个可塑期内被创建，就不大可能会被再建。

在有限的观念中，新一代的诞生事实上是野蛮人对文明的一种入侵，他们必须在为时过晚之前被教化。他们成长为体面的、能生产的人的前景取决于一整套精心设计的、几乎未被言明的实践，这些实践使人产生了道德价值观、自律和为他人着想。在这个过程中没有被"接受"的个人——无论是因为其应用的数量或质量不足，还是因为个人特别抗拒——都是反社会行为的来源，犯罪活动只是其中的一种形式。

自由裁量权的归属

权力排在一系列因果因素的末端，这些因素包括影响力、个人自由裁量权，以及其实际结果并非由任何人计划或控制的系统性互动。问题是世界上发生的多少事情的起因是权力的行使，这是个关于自由裁量权归属的问题——无论是在数以百万的个体中、在家庭这样的群体中、在有组织的政治制度中，还是在最终可能通过枪口成全或毁灭他人决定的军事力量中。自由裁量权目前在谁那里，这个因果问题只是权力作用的一个方面。两种观念更根本的冲突是关于自由裁量权应当归属于哪里。

在无限的观念中，推进一般的善的关键因素是真诚、清晰表达的知识和理性，社会中的主要影响力量应当是在这些方面做得最好的人。自由裁量权是在个人层面上行使，还是在国家或国际层面上集体行使，在很大程度上是这样一个问题，即这些方面最先进的人的真诚、知识和理性如何有效地影响自由裁量权的行使。葛德文认为，理性的力量——在无限的观念中清晰表达的三段论意义上——从长期来看几乎不可抵挡，它将自由裁量权分散到个人层面，相信由多数人决定的内容最终会反映少数人的智慧和美德。然而，那些在一般意义上认同人类无限的观念，但又不像葛德文那样相信少数人的智慧和美德可以有效地、自发地影响到多数人的决定的人，希望拥有必要的智慧和美德的人保有直接控制或影响组织的决策权。因此，无限的观念跨越了从葛德文的无政府个人主义到极权主义的政治光谱。他们的共同特点是坚信人类本身有能力为了共同利益精心制定和执行社会决策，无论是否所有人或大多数人已经发展出这种先天能力。

有限的观念认为，无论是精英还是大众，都不具备这样的能力，因此处理问题的方法也就完全不同。个体的真诚、知识和理性并不是至关重要的，关键在于通过系统程序传达给他们的激励措施迫使他们审慎地进行权衡，这种权衡利用的是多数人的经验而不是少数人的表达。持有限的观念的人正是在演进的系统程序（例如传统、价值观、家庭、市场）

中寻求人类生活的维持和进步。有限的观念的倡导者认为，自由裁量权的归属可能是个体，也可能是政治集体，但其本质与无限的观念中的完全不同。

有限的观念的信徒强调个体做出自身选择的自由——米尔顿·弗里德曼的《自由选择》就表达了这样的主题——它是在传达给个人的激励（如价格）与来自他人的经验和价值观共同形成的约束条件下的选择。无限的观念的信徒强调个体的自由，它要么是（1）那些拥有所必需的智慧和美德的个体的自由——如约翰·斯图亚特·密尔的《论自由》——要么是（2）被认为在道德-智力模范的影响下的大众的自由。

两种观念都不提倡所有个人完全自由地行动而不考虑其他人。两者所不同的是其他人所传达的东西的本质——以及由哪些人传达。在无限的观念中，有着特殊智慧和美德的人将美德和智慧传达给其他人——在被认为有效的地方通过语言表达，在无效的地方通过权力强制传达。对于持有限的观念的人来说，道德或智力优越的人，其优势远不及历代大众的经验（体现在传统价值观中）和多数人当前的经验和经济偏好（体现在价格上）重要。在无限的观念中，普通个体能够响应道德-智力的先驱所传递的信息；在有限的观念中，普通个体能够响应其他普通个体，价格的涨落以及对社会或增或减的不满比语言更加有效地传达着这些个体的经验。

个人主义在两种观念中呈现出完全不同的含义。在有限的观念中，个人主义意味着让个人自由地选择系统产生的机会、奖励和处罚，这些东西源自其他同样自由的个体，他们没有接受由政府、工会或卡特尔等有组织的实体的权力强加给他们的清晰表达出来的结论。但在无限的观念中，个人主义指：(1) 普通群众参与集体决策机构做出明确决策的权利；(2) 那些具备所必需的智慧和美德的人拥有免除无论是系统性的还是有组织的社会约束的权利。

密尔的《论自由》也许是对（2）的经典论述，即道德-智力的先驱有权免受大众舆论带来的社会压力。他并不相信另一种情况，即大众不应该受到道德-智力精英的影响。相反，他在许多著作中都强调知识分子的领导作用。然而，密尔反对多数人的"社会不宽容"[32]，他认为当拥有主权的多数人让自己接受具有更高天赋和更多学识的一个或少数人的指导时（他们总在最好的时候这样做），民主是最有益的。[33]

在当代无限的观念的追随者中，个人主义同样关注要让道德-智力的先驱豁免于社会压力或甚至在某些情况下豁免于法律。例如，出于良心拒绝服兵役，或在面对社会不公时鼓吹暴力，罗纳德·德沃金认为应当对这些行为进行豁免，但他否认种族隔离主义者有相应的权利去践踏民权法。[34]

双方的这些观点与最初的前提是一致的。如果人类的道德和智力潜能比目前普通大众所显现出来的要高出很多，那么在人类潜能的方向上走得更远的人的特殊智慧和美德不仅为其他人的决策奠定了基础——无论是通过影响力还是权力，还使它本身在某种程度上不受倒退的群众所施加的社会压力的控制，甚至不受反映了某种倒退观点的法律所控制。但如果最重要的知识、美德和智慧源自大众的经验，这种经验无论体现为传统、宪法还是价格——正如反对有限的观念的人所陈述的那样——那么每个人最多只能期望在系统性的社会程序中产生的各种奖励和惩罚中自由选择，而不是从这些程序中得到豁免。

经　济

有限的观念认为市场经济是对系统性力量——无数个体选择和表现之间的相互作用——的回应，而非对某种深思熟虑的力量的回应，这种力量塑造了最终结果以迎合特定个体或组织的决策者。竞争激烈的市场，正如所构想的，是一个以价格方式"传递确切信息"的非常有效的系统。[35] 米尔顿·弗里德曼认为，价格不仅带来了信息（这些信息可以改善不足、促进技术进步并转变消费者偏好），还提供了"激励人们对信息做出反应的因素"。[36] 无限的观念则辩称，经济并不是这样运行的，它目前服从于特定利益集团的权力，因此，未来应该让它服从于符合公共利益的权力。根据这一观点，刻意定价"存在于美国最基础的行业中"，因为"愤怒的公众""向政府呼吁了"。[37] 因此，"市场之神越来越多地被置于权力的控制之下"。[38]

这里的重点不是要解决这一矛盾，而是要阐明看到权力不同作用的人所设想的世界是如何迥然相异的。约翰·肯尼思·加尔布雷思认为，有时自由裁量权分散在数百万人手中，而有时又集中在少数几个大公司手中，由公司管理层在一个"不可动摇的位置上"行使。[39] 每个人都把其他的观念作为一种迷思而不予理会。[40]

不足为奇的是，两种观念对于政府为何在经济中行使权力的解释也有所不同。在无限的观念中，问题在于意图（intention），而在有限的观念中，问题在于激励（incentive）。无限的观念认为，政府保护公共利益的意图推动它干预经济以消除私有经济权力带来的危害。但根据有限的观念，政府意欲增强自身权力的内在动机会造成不必要甚至有害的干预。激励是有限的观念的中心问题——"政客的首要问题不是服务于公共利益，而是再次当选并继续掌权"[41]。

这些不同的结论不仅适用于长期存在此类显著争议的工业化国家，也适用于分析较贫穷、工业化程度较低的"第三世界"国家。关于第三世界贫穷的原因和消除贫困的方法的截然相反的观点,反映了两种观念对人的本质、知识的作用、精英和大众的能力的潜在意见分歧,这也是许多其他领域的观念的冲突的特征。当然,这两种观念对权力的作用也有不同意见。

为了方便起见,已故的诺贝尔经济学奖得主纲纳·缪达尔可谓把政治权力和自由裁量权作为贫穷国家发展的关键的思想学派的代表人物。相反的观点——有限的观念——一直以伦敦政治经济学院的著名经济学家彼得·鲍尔勋爵（Lord Peter Bauer）为代表。这种分歧不仅表现在他们的结论中,也表现在他们不同的潜在假定中。

他们在最底层就是不同的,也就是关于要解释的是什么问题的看法不同。缪达尔试图找到第三世界国家中那些"造成其不发达的条件"。[42]相反,鲍尔并没有试图解释与实现工业化的西方国家相比,世界上大部分国家发展程度较低的原因,而是试图解释繁荣和发展的原因,并拒绝将"大部分人类的处境"描述为"反常的"。[43]对缪达尔来说,贫困是需要解释的;而对鲍尔而言,繁荣才是需要解释的。

对于缪达尔来说,清晰表达的理性对于发展而言至关重要,所以必须以"合理协调"的方式使其"在总体规划中更为明确"。[44]这个计划"必须不断调和利益冲突并排定其先后顺序"。[45]简而言之,代理人的自由裁量权必须做出权衡。但

是对鲍尔而言,经济表现和政治诉求具有完全不同的特质:

> 市场体制提供人们想要的商品,但运行它的人并不能轻易地解释为什么会这样。社会主义或共产主义体制不提供商品,但操作它的人可以轻易地对此做出解释。[46]

尽管第三世界的具体经济问题是相对较新的问题,但在第三世界中,道德-智力领袖和群众之间的关系被有限的观念和无限的观念分别用不同的经典术语来表述,这些术语几个世纪以来一直是两种观念的标志。缪达尔一直非常关心:(1)促进第三世界国家内部以及第三世界国家和工业化国家之间更大的物质平等[47];(2)增强西化阶级的影响力和权力,以改变第三世界民众的整体生活方式和价值观,从而提高其物质水平[48]。简而言之,他的当务之急是实现更大的经济平等,同时,自由裁量权的归属自发地转到道德-智力领袖和西化的知识分子那里。

对于缪达尔而言,若没有更多的"社会和经济平等",仅仅是"政治上的民主,那将是空虚的成就"。[49]他的目标并不是简单的程序平等,而是结果平等。此外,必须使用"强制性的法规"[50]动员群众,因为"如果不能让社会规则远远多于对民主的流行解读,那么经济发展就无法实现"[51]。群众

"对变革的抵制"[52]必须被克服。鉴于整个第三世界社会对变革的"顽强抵抗","现代化不会产生自一个'自然'演变的程序",而只能以"激进的国家政策""通过国家干预带动发展"。[53]并不是群众自己,而是"那些代表他们思考和行动的人"[54]掌控着经济发展的方向。

简而言之,这个关于第三世界发展的非常现代的争议从缪达尔那里引出了一个有上百年历史的观念,它将经济平等和政治不平等结合起来,给予道德-智力占优的代理决策者权力——简而言之,这就是无限的观念。与此同时,在鲍尔那里可以找到另一个有上百年历史的观点的所有关键特征,即有限的观念。

鲍尔认为,第三世界的民众多次证明了他们对系统性的经济激励措施的响应能力。[55]他反对"居高临下地面对第三世界的普通民众"[56],反对把"这些群体划分为不能自立的人"[57],也反对说他们"并不知道什么对他们有益,甚至也不知道他们想要什么"[58]——这是一种"否认了他们的身份、性格、人格和责任"的观点。[59]鲍尔声称,该证据"驳斥了认为单个的非洲人和亚洲人不会或不做长期打算的观点"。[60]他指出,所谓"牺牲并不由极力鼓吹其不合理要求的人承受"。[61]对鲍尔来说,"被缪达尔教授如此高看的知识分子"是一种特殊的危险而非特殊的进步来源,因为"他们试图消除文化、语言、地位、财富和收入的差异",并试图"溶解社会的黏合剂",这只会导致"极端的权力集中"。[62] 他们对市场的敌意和"对普通群众的蔑视"对他而言"仅是一枚硬币的两面"。[63] 鲍尔总体上拒绝"缪达尔对人和社会的观念",尤其是"缪达尔视穷人为社会无辜的受害者的做法"。[64]

是缪达尔还是鲍尔更赞成平等,完全取决于将平等视为经济结果的平等还是政治程序的平等。缪达尔显然更喜欢经济收益的平等,鲍尔显然更喜欢社会程序的平等。在这方面,他们是这两种古老的观念中非常具有代表性的人物,尽管他们在现代问题上争论不休。

他们各自对权力的看法同样遵循这两种相互冲突的观念的传统。缪达尔认为,权力塑造了第三世界的经济收益,不仅是因为西方国家"在世界广大落后地区开发和利用了当地的资源和人民,并使他们在政治上和经济上依赖于西方"[65],还因为国内"大量的贷款方和中间商"把"很多南亚农民纳入他们的控制之下"。[66] 例如,在马来西亚,少数族群华人拥有"经济上的权力"。[67] 如果经济计划没有"减轻经济权力的集中",那么它就是失败的。[68] 相比之下,在竞争性的市场中,鲍尔全然否认了经济权力这个概念:

> 市场秩序使得个体和群体强行限制他人选择的权力最小

化。强行限制他人选择即意味着强迫。拥有财富本身并没有授予富人这种权力。事实上，在现代市场经济中，富人，尤其是非常富有的人，通常把他们的成功归因于扩展了伙伴的选择面，包括穷人的选择活动。一个显而易见的例子就是在大规模生产和大规模零售中创造财富。[69]

需要注意的是，缪达尔和鲍尔对权力的大小或归属的分歧不仅停留在经验领域，更重要的是，他们对于权力的组成有着不同的概念。就平等、正义和自由来说，权力在无限的观念（缪达尔）中被定义为具有结果性特征，在有限的观念（鲍尔）中则具有程序性特征。鲍尔将强制或权力定义为"限制他人的选择"——一种程序定义，但缪达尔甚至都不去尝试满足这个定义。"经济上的依赖"这一结果，已经充分证明"受到了经济权力的支配"，缪达尔目的已经达成。未被言明的是，这是很久以前马克斯·韦伯对权力所下的定义，近来又得到约翰·肯尼思·加尔布雷思的赞同，并通常被视为无限的观念的特征——"向他人行为强加自己意志的可能性"[70]。两个定义乍看起来十分相似，但它们实际上完全不同。

根据无限的观念以结果为导向的定义，每当A让B做A希望的事时，就意味着A对B拥有权力。例如，两个现代理论家说："如果A的行为导致B以一种确定的方式做出回应，那么A就控制着B的反应。"即使当"一个下属与另外的雇主谈判，目的是让他的上级给他加薪"，那么在这些作者的术语中，资本家C仍然有着控制力或权力。[71]是结果定义了权力。然而根据有限的观念的特征和鲍尔使用的程序定义，如果在A出现之前，B在程序中有尽可能多的选择，A就不能"限制"B的选择，所以对他没有"权力"。加尔布雷思认为，A向B"提供特殊的交换条件"就是在行使权力[72]，而鲍尔则不这样认为，因为A只是扩大了B的选择面而不是对其加以限制。按照这个定义，即使A所提供的新选项比B现有的选择优越，使得B的选择几乎已成定局，这个交换条件仍然不能代表权力。无论是在第三世界还是其他地区，关于经济权力大小和归属的争论不仅限于经验事实，而且回到了基本的观念的冲突，以及不同的观念产生的定义的冲突。

由于以某种方式影响特定结果的能力比塑造整个社会程序的能力更普遍，权力对于无限的观念比对于有限的观念来说，更具有普遍的特征。在现代，"经济权力"这个概念主要与在其他方面也信奉无限的观念传统的人联系在一起，而有限的观念对此即使不是不屑一顾，也是持怀疑态度的。这里的重点是，存在多少权力，取决于权力的定义。更重要的是，用哪些政策回应权力才适当，取决于实质上被回应的是什么，而非用来描述它的词语。[73]

持有限的观念的人认为,通过增加和集中非常实际的政治权力来处理一个权力被最大地削弱了的经济程序的问题,这是减少了而非增加了人类的自由。但是,对权力有着不同概念的持无限的观念的人则认为,政治权力"与集中和有组织的财产利益集团所行使的权力相比不值一提"。[74] 他们使用着相同的词汇,但讲的是两种不同的东西,这种重叠足以使彼此相混淆。

法　律

在许多法律案件中,最基本的问题是决定应当由谁来做——简而言之,是自由裁量权的归属。宪法的狭义司法解释与广义司法解释的问题,归根结底是法院是否应当尽可能地限制自己,以界定他人相对不受约束的选择的界限的问题,或者是法院是否应该为自己保留广泛的权力,根据当事人之间的谈判能力的专断性或合理性、偏见或善意、胁迫或自由、平等或不平等来审查这些选择的问题。法律领域自由裁量权的归属是被有限的观念和无限的观念用根本不同的术语来看待的诸多问题之一。

持有限的观念的人认为,自由裁量权应当尽可能直接归属于相关的个人和组织,并以个人的收益或损失的形式系统地对结果负责。一旦法律划出了其自由裁量权的界限,法院就不应该在事后评判（second-guess）自己的选择。例如，即使某些决策显然是为了避税，但是真正的问题是——奥利弗·温德尔·霍姆斯说——这些决策是否在个人自由裁量权的法律界限内，因为"法律界限，就意味着你想尽可能地在这个边缘附近试探，如果不能逾越它的话"[75]。

这一原则适用于多种情况。霍姆斯认为，在一定范围内，遗嘱订立者可以对其财产实行"专制"。[76]霍姆斯说，在其自由裁量权的范围内，国家立法机关可能通过"愚蠢地杀死下金蛋的鹅"的法律。"聪明的自私自利不是宪法所规定的义务，"[77]他说，"这绝不是说每一项法律都是无效的，因为在法官看来，它可能还过度了。"[78]霍姆斯也不准备依法谴责杀死袭击者的人，即使他的行为事后"被认为是蓄意而残忍的，甚至本来是不必要的"。他说："面对已经举起的屠刀，不能要求人们不做出任何反应。"[79]

在所有这些非常不同的案件中，基本的前提是，一旦法律划出了自由裁量权的界限，法院应避免在事后评判其在现实中的行使。考虑到有限的观念的假定，这一原则是板上钉钉的。它在法律领域就相当于经济学中的自由放任主义，它们在本质上对人与社会拥有同样观念。

对于无限的观念而言，对法院的这种限制只会让不公正的现象不必要地滋生。劳伦斯·却伯和罗纳德·德沃金是当代这一观点最突出的拥护者。罗纳德·德沃金认为法院有必要超越政府其他部门的界限行使自己的自由裁量权。德沃金说，必须将"宪法和道德理论相结合"[80]——需基于宪法中的价值观，而不仅仅是该文件明确规定的程序规则进行判断。根据罗纳德·德沃金所说，法院在评判"国会、各州以及总统的法案"时，必须提供"新的道德见解"。[81]如果某人拥有"平等接受教育的道德权利"，那么"国家不提供教育即是错误的"，法院应当做出相应的裁决。[82]这种观点对"所谓的使用财产的自然权利"持怀疑态度，[83]拒绝承认"雇主有按照自己的意愿雇用工人的自由"，并且认为这种自由不应当受到成文法的保护。[84]

无限的观念认为，问题并不仅仅关乎自由裁量权的归属，还关乎行使自由裁量权的道德、合理性以及平等或不平等性。如果第三方能够做出这样的判断，正如无限的观念所假定的，那么那些有能力改变这些决定的人没有理由不这么做。

劳伦斯·却伯同样反对"否定实质"（substancedenying）的观念，即法院将自己限制在界定可接受的程序的界限内，而不去判断在这些界限内这些程序产生的实质内容。[85]法官应该"质疑政府的政策部门所做的权衡"，而不是满足于在立法和行政自由裁量权的范围内遵守"正当程序"。[86]仅仅遵循明确的宪法规则是不够的；法官要识别宪法隐含的"价值观"，并用它来判断他人所做决定的实质。却伯认为，尽管识别隐含的价值观在本质上是主观的，但是，法律程序不能"缺乏实质或主观性"。[87]

对却伯而言，特定的裁决有着特定的影响，这意味着已经对实质做出了隐含的选择。例如，对财产权的保护实际上意味着"避免多数主义者重新调整现有财富和经济权力的分配"。[88] 因此，美国最高法院驳回了侵犯财产权的州法律并"加强了对现有资本分配模式的保护"。[89] 当私有财产被征用时，宪法要求政府进行"公正的补偿"，这种做法"对经济再分配有很深的偏见"。[90] 法律中"对财富再分配的固有偏见"被认为有利于"已确立的财富"[91]——它所针对的是个人的最后收益，而不是做出经济决策的产权制度所支撑的社会程序。

相反，支持财产权的法律理论家以完全不同的理由为财产权辩护，他们认为财产权"会影响经济体系运作的效率"。[92] 这种观点的核心不是追溯可观察到的特定个人或阶级的最终收益，而是要在整个社会中创造预期激励——财产权对"惩罚-奖励系统"[93] 的影响。简而言之，却伯不是简单地得出了不同的结论，而是站在一个完全不同的立场上与那些持有限的观念的人进行辩论。

根据却伯所说，法律上"看似中立的原则"体现了"向现有财富和影响力集中的方向的明显倾斜"。[94] 现在需要的是

"一种更实质性的平等概念",因为平等对于"宪法保护言论自由和结社自由而言是至关重要的"。[95]因此,正如其他领域中无限的观念的其他版本一样,在法律中,是结果而不是程序定义了平等。却伯认为,"言论自由根本就不存在"[96],因为"廉价的交流方式(例如散发传单、纠察和街头演说),已被昂贵的媒体(例如电子广播、报纸广告和直接邮寄等)所取代"[97],言论自由作为一种程序,并不意味着言论作为一种结果是自由的。虽然存在着"平等的选举权",却没有"平等的发言权"。[98]

经济权力和制度上的参与是这一推理的核心。这两者的重要性都被有限的观念所否认,它将一个企业的"权力"视作一种"妄想",并且认为"参与"集体决策常常是效率低下的。[99]再次强调,分歧并非完全是经验上的,因为有限的观念中的"权力"意味着减少其他人选择的能力。正是在这个意义上,权力的存在被否认:

> 那么,对于我们所假定的权力,它管理员工、分配任务的内容是什么?这与一个小消费者管理他的杂货商并分配任务的权力是完全一样的。单个消费者可以指派任务给他的杂货商以获得物品,在消费者的诱导之下杂货商以双方都能接受的价格提供货物。这恰恰是一个雇主对一个雇员所能做的

一切。[100]

在这一概念中,因为雇主不能减少雇员已有的选择集合,所以雇主对雇员没有"权力"。但是,对于无限的观念而言,权力或武力并不是在这些有关程序的术语中定义的。在无限的观念中,重要的是结果,而非程序。如果 A 的选择行为改变了 B 的行为,那么 A 就是强迫 B 以一种特殊的方式行事。例如,却伯说,如果政府拒绝为贫困妇女堕胎买单,就会导致"强制分娩",这实际上是"征召女人(至少是贫困妇女)作为非自愿的繁衍机器",因而"剥夺了女性掌控她们身体和未来的权力"。[101] 这种说法虽然与一般逻辑上将权力定义为改变他人行为的能力相一致,但是与将权力定义为对现有选择的减少并不相符。就后一种定义来说,如果政府禁止堕胎,而不是简单地拒绝为她们的堕胎买单,那么它就对孕妇行使了权力。

这两种权力概念的冲突在一些法律问题上尤为尖锐,在处理这些问题时,政府权力受到私人当事人的支配,以执行合同或财产权。如果合同条款是私下自愿商定的,则自由裁量权归属于私人——无论是在最初,还是当违约行为让受害方选择诉诸国家强制力时。同样,当财产权受到侵犯时,自由裁量权归属于个人财产所有者,他们可以选择忽略侵害,或者选择借助国家权力驱逐或起诉侵害者。

在一起受害的私人当事人要求"国家行动"的具有里程碑意义的案件中,一个无视开发商的禁令在私人住宅区分发传单的女人,因非法侵入罪而被逮捕。在有限的观念和基于该观念的具有司法约束的法律观中,法院要裁定的核心问题是被要求的"国家行动"是否在所有者的财产权的范围之内。但在与之对立的司法能动主义的观点中,法院应当调查被要求的"国家行动"是否与宪法的"价值观"一致,而不仅仅看它是否符合书面的明确规定。这些"宪法价值观"包括宪法第一修正案下的言论自由,其中明确禁止政府——而非私人个体——限制信息流动(communication)。

在一起特殊的案例中——马什诉亚拉巴马州案(Marsh v. Alabama,1946)——美国最高法院基于言论自由驳回了非法侵入罪的判决。在随后类似的非法侵入购物中心的案例中,最高法院的裁决有时认为有罪,而有时又认为无罪。[102] 这里要讲的是每种立场的基本原理以及它们如何与权力的基本概念和自由裁量权的归属相联系。国家通过执行侵入法来应用明确的财产权,而且这种行为在程序上是正确的,然而无限的观念却认为,如果最终结果是剥夺某人在该财产上行使言论自由的权利,或因为所有者不喜欢某一种族的人而将他们排除在该财产之外,法院就应当拒绝支持"国家行动"。

就像有限的观念和无限的观念之间的许多问题一样,"国家行动"案的关键在于是程序重要还是结果重要。

虽然承认"宪法本身并不直接关涉私人活动者",劳伦斯·却伯仍旧宣称,如果在侵入法的框架下用国家权力"将'私人'活动者置于被伤害的位置上",就会使国家对实质性结果难辞其咎。[103] 因此"国家行动"就成了"实质性选择的托词"。[104] 但是,有限的观念限制了人们尝试按照一致的原则运行程序,唯一的问题是财产权的法律界限是否被正确地划定,而不是在所有者被允许的自由裁量权的范围内会产生什么实质性的结果。当今最高法院法官的反对意见回应了奥利弗·温德尔·霍姆斯的观点,他们认为"一个人拥有以自己认为合适的方式使用和处理其财产"的权利,这意味着在所有权范围内,所有者合法享有"非理性、专制、反复无常甚至是不公正"的权利。[105]

总结与启示

有限的观念和无限的观念关于不同形式的权力的作用的看法是不同的。一个和平国家军事力量的累积对于无限的观念而言是危险的、适得其反的,而对于有限的观念而言,则是维护和平所不可或缺的。如今这两种相反的观点正如在18

世纪一样常见，而且在与收入和财富差异、犯罪和惩罚不相关的国内社会问题上，这些观点与其各自的立场高度相关。甚至近几年的经典问题，例如堕胎或第三世界发展，也可以把争论者根据几百年来不同的基本假定划分为不同的派别。

认为人类智力和道德能力有限的观念，较少地依赖于使人信服的能够清晰表达的理性，而更多地依赖于影响行为的动机。这一观念认为，无端的侵害——无论是由罪犯还是由国家造成的——都应该被系统地制止，而不可能通过向缺乏理解的人传达更好的理解，或通过化解可能推翻判决的情绪来根除。罪犯、战犯以及第三世界人民都被视为不需要或不可能从智力或道德上先进的社会阶层的清晰理性中获得太多好处。法律也没有从他们的新见解中受益，相反，让法律受益的是系统演进的程序中隐含的智慧。

相比之下，无限的观念必然认为当前人类的能力与人类最终的智力和道德潜力之间存在着更大的差距。有一种观念即使不是承袭自无限的观念，也与其不谋而合，这种观念认为普通人与那些沿着人类潜力之路走得更远的人之间的智力和道德差异比有限的观念所认为的大。于是精英就有责任更多地去影响事件进程，无论是在法律、国际关系还是在第三世界发展中。在这种情况下，遵从落后的民间信仰、古老的制度或传统是一种迷信的、推卸责任的做法。牵涉到武力和以武力相威胁时尤其如此。要求他们遵从的建议通常会引起他们的惊讶和嘲讽，甚至会让他们质疑提出这种建议的人是否诚实——按照无限的观念的假定，这种建议确实是非理性的。但那些提出建议的人，往往是在完全不同的假定下活动的。

当代由权力概念的差异引发的争论，常常可以追溯到几个世纪以来有关人与社会因果关系的观念的差异。按照无限的观念的传统中约翰·肯尼思·加尔布雷思、纲纳·缪达尔、劳伦斯·却伯或其他现代思想家所设想的权力，如果某个个人或群体可以改变他人的行为，那么前者对后者就拥有权力。持有限的观念的人否认这种权力的概念，他们认为，如果行为的改变是对交换条件的回应，那么权力就是减少某人现有选择的能力。无论是通过威胁还是通过奖励实现，这两种定义的结果可能是相同的，但有限的观念不是关于结果的观念，而是关于程序的观念。

如果有人认为，人有能力控制权力的行使，并把它限制在社会理想的结果的范围内，正如无限的观念所认为的，那么，仅仅把权力定义为减少现有选择的能力是武断的。但如果要监控无数个人的结果是否有利，这种监控超过了任何个人或委员会的能力，正如有限的观念所假定的那样，那么产生社会收益的努力必须专注于一般的程序和对权力的限制——这意味着限制一些人减少他人选择的能力。

这两种观念都看到了权力的滥用,无论是以直接的武力形式还是以其他的社会形式。他们在控制权力的方式上,存在广泛而根本的不同。

第 8 章

正义的观念

亚当·斯密和约翰·罗尔斯都把正义作为一个社会的基本美德,但是,他们几乎以相反的立场来讨论正义的意义。而且,他们之间的差异并不能简单地归为他们对是什么构成了正义的看法非常不同——在斯密那里是程序,在罗尔斯那里是结果,更根本的是他们想如何应用正义的原则。根据罗尔斯的观点:

> 正义是社会制度的首要价值,正像真理是思想体系的首要价值一样。一种理论,无论它多么精致和简洁,只要它不真实,就必须加以拒绝或修正;同样,某些法律和制度,不管它们如何有效率和有条理,只要它们不正义,就必须加以改

造或废除。每个人都拥有一种基于正义的不可侵犯性，这种不可侵犯性即使以社会整体利益之名也不能逾越。因此，正义……不承认许多人享受的较大的利益能绰绰有余地补偿强加于少数人的牺牲。……允许我们默认一种有错误的理论的唯一前提是尚无一种更好的理论，同样，使我们忍受一种不正义只能是在需要用它来避免另一种更大的不正义的情况下才有可能。作为人类活动的首要价值，真理和正义是绝不妥协的。① [1]

罗尔斯式的正义不是用来权衡的，即使是为了建立运行良好的社会。持类似观念的其他人把基于正义的权利当作"王牌"，凌驾于其他社会考量之上。[2]有很多价值观都是王牌，所以一个王牌必须给另一个王牌让路，但是，所有的王牌都胜过所有的非王牌。"正义的优先要求"一直是无限的观念的一部分，可远远追溯至威廉·葛德文。[3]持这种观念的人在正义的具体细节方面可能会有分歧，就像在有限的观念的传统中也存在分歧一样，对于政府要在多大程度上执行这些道德原则，他们的看法尤其不同。[4]然而，无限的观念一直认为：（1）正义绝对是最重要的；（2）源自正义的权利存在于个人之中，并为了个人而存在。

---

① 译文选自《正义论》，罗尔斯著，何怀宏、何包钢、廖申白译，中国社会科学院出版社1988年版。

亚当·斯密的有限的观念持有一种迥然相异的正义观，他说："只有较好地遵守正义法则，社会才能存在。"⁵ 斯密主张：

> 虽然没有仁慈之心，社会也可以存在于一种不很令人愉快的状态之中，但是不义行为的盛行却肯定会彻底毁掉它。①⁶

因此，正义的重要性来自维系社会的需要——不是社会存在的理由（raison d'etre）来自产生正义的需要。而且，正义只需要"勉强遵守"，以服务于其维持秩序的社会功能，而社会秩序高于一切需要则是因为人的局限性。根据斯密的观点：

> 虽然人天生是富有同情心的，但是同自己相比，他们对同自己没有特殊关系的人几乎不抱有同情；一个只是作为其同胞的人的不幸同他们自己的、哪怕是微小的便利相比，也竟不重要；他们很想特强伤害一个人，并且也许有很多东西诱惑他们这样做，因而，如果在被害者自卫的过程中没有在他们中间确立这一正义的原则，并且没有使他们慑服，从而

---

① 译文选自《道德情操论》，亚当·斯密著，谢宗林译，中央编译出版社2008年版。

对被害者的清白无辜感到某种敬畏的话,他们就会像野兽一样随时准备向他发起攻击;一个人参加人们的集会犹如进入狮子的洞穴。① 7

在这里,斯密的有限的观念的要素在与无限的观念的比较中凸现出来。尽管正如斯密认为的那样,人天生富有同情心——这是在《道德情操论》中被详细阐述的道德准则的基石——这种同情心和人的理性为人类提供了社会的一般原则,而不是对个人行为的直接约束。在衍生的和改善的正义原则发挥限制个人的作用时,不是因为同情心和理性在起作用,而是因为正义的社会教诲足以"威慑"个人。因为社会"不可能存在于那些老是相互损伤和伤害的人中间"8,正义是——工具性地是——社会的首要美德。

正义的工具性,以及随之而来的从属于其他社会要务的地位,在有限的观念中是一个反复出现的主题——也是无限的观念所厌恶的。在有限的观念中,正义从属于秩序隐含着这样一个结论,即秩序的崩坏——即便是一个不正义的秩序——比某些不正义让人遭受的痛苦更多。持有限的观念的人接受这种权衡,因为在他们看来,人天生的局限性使他们

---

① 译文选自《道德情操论》,亚当·斯密著,谢宗林译,中央编译出版社2008年版,107页。

没有希望找到解决方案。在这种增量的权衡观中,"王牌"的概念是完全不适用的。

法律的正义

有限的观念

奥利弗·温德尔·霍姆斯说明了人类天生的局限性是法律正义的概念的核心,这与有限的观念相同:

> 法律没有考虑到性情、智力和教育的千差万别,正是这些千差万别,才使得某一特定行为的内在特征在不同的人身上迥然相异。它并没有试图像上帝那样看待人……比如,如果一个人生来就是草率和笨拙的,那么他就总会造成事故,伤害自己或者邻人,毫无疑问,他先天的缺陷在天堂的法庭中是被允许的,但在他的邻人的眼中,这种缺陷所造成的麻烦,并不比有罪的疏忽所造成的麻烦更少。他的邻人相应地要求他适当地冒险以达到他们的标准,他们建立的法庭也拒绝考虑他的个人情况。⁹

如此,霍姆斯建立了正义的两种标准——并考虑到人天生的局限性,审慎地选择较低的标准作为人类进行管理的适当标准。这是为了社会的整体利益而有意识地权衡正义。霍姆斯说:"对个人的公正被天平另一边的更大的利益正确地抵消了。"[10] 他反对"把道德与法律混为一谈"。[11] 法律的存在是为了维系社会。比如,刑事司法(criminal justice)主要关注的是威慑犯罪,而不是细微地调整对个人的惩罚:

> 公共政策为了公益而牺牲个人利益。人们希望所有人的负担是平等的,但更希望结束抢劫和谋杀。[12]

再一次,霍姆斯拒绝更高标准的正义——针对个人的量体裁衣式的"理想的"惩罚,支持更低标准的正义。为了权衡而把解决放一边,暗示了这样一种假定,即解决问题超出了人类的能力——他在对民事责任(civil liability)的讨论中已经明确提出了这一点,因为人类法庭的运作方式与天上的法庭不一样。甚至在民法(civil law)规定要对有精神障碍的人强制绝育以防止他们生育更多的精神障碍后代时,霍姆斯在最高法院仍坚持以"公共福利"的名义支持这项法律,他宣称:"低能者有三代就足够了。"[13]

正如霍姆斯认为的那样,法律不是伟大的思想深思熟虑的逻辑产物,而是代表了极多的个人的不断演化的和成文的经验：

> 法律的生命并不是逻辑，而是经验……法律体现了一个国家若干世纪以来的发展历程，不能把它当作一本数学书上的公理和推论来处理。[14]

霍姆斯没有否认法律中存在逻辑，也没有否认伟大的思想家对法律的发展做出了贡献，他也没有宿命论地接受任何已经存在的法律。实际上，他的显赫声名完全源于在最高法院中充当"伟大的反对者"。"我尊敬法律，"他说，"但一个人甚至可以批评他所尊敬的东西。"[15]霍姆斯否认，法律在历史上是用逻辑进行演化的，尽管在法律的命题中存在系统的一般逻辑。他承认，"无数伟大的知识分子把他们的时间花在补充或改进"法律上——"其中最伟大的一些，"他说，"与强大的整体相比是微不足道的。"[16]在这里，就像在有限的观念的其他领域一样，我们所依靠的是多数人的经验而不是少数人的聪明才智，最重要的是历史的演进而非深思熟虑的理性。

18世纪著名的英格兰法律理论家威廉·布莱克斯通（William Blackstone）以类似的方式衡量了已知法律的社会收益，认为在已知的法律框架内，大多数人都可以做出自己的决定。在英国的法律传统中,个人正义与确定的社会收益之间的权衡尤为引人注目。在英国,"衡平法庭"(courts of equity)在制度上与"普通法庭"相区别——前者为了个人正义的利益而做出例外的调整。布莱克斯通说:

> 因此,衡平法在本质上取决于每个案例的具体情况,在不破坏衡平法的本质并使其成为实在法(positive law)的情况下,不可能制定衡平法的规则和固定准则。另一方面,以公平的眼光衡量一切案件的自由也不能过度,以免因此破坏所有的法律,并把每个问题的决定权完全交给法官。而且,只有普通法而没有衡平法尽管会带来困难和令人不快,但与只有衡平法而没有普通法相比,还是前者更有利于公众利益,因为后者会让每个法官都成为立法者,并引起无限的混乱;因为在法庭上会制定非常多的行动规则,就像人类中存在非常多不同的能力和情感一样。[17]

这种推理与有限的观念的传统中的其他结论相类似并不仅仅是巧合。布莱克斯通关于人的观念是:"他的理性腐化了,而且他的理解充满了无知和错误。"对布莱克斯通来说,"人类理性的虚弱、不完美和盲目"[18]使其成为直接创制法律的不可靠的工具。理性是必要的但并不充分。布莱克斯通说,

"不理性的就不是法律",但他马上补充道:

> 这并不是说,在这么长的时间里,每条法律规则的具体理由总能被精确地指出来;但只要规则中不存在与理性完全矛盾的东西就足够了,法律就会假定它是有充分根据的。在英格兰的法律中,有一个古老的观察,那就是一项长期存在的法律规则,其理由也许无法被记住或辨别,但每当它被法规或新的决议肆意破坏时,该规则的智慧最终会从创新之后的不便中显现出来。[19]

简言之,与霍姆斯类似,也与一般而言的有限的观念类似,布莱克斯通认为,演化的系统性理性优于清晰表达出来的、设计出来的个体理性。因此,布莱克斯通成为英国普通法(common law)——"不以任何成文法令或条例为依据,而仅仅根据古老的惯例而形成的原则"——伟大的诠释者和倡导者。[20] 而且,在解释成文法时,布莱克斯通强烈要求遵循法律制定者最初的意图,通过"探索法律制定之际立法者的意图"来"解释立法者的意志",并"以它们通常的和广为人知的含义"来理解他的话,如果必要的话,应"根据上下文"确定其意义,而且只有"当文辞含混不清时",试图贯彻法律的意图或精神才是最后的手段。[21]

与后来法律领域中的霍姆斯一样,或者与同时代政治领域中的柏克一样,布莱克斯通并没有倡导一成不变的法律或社会。他的立场的特色在于变更的模式和对变更的谨慎态度:

> 因此,法律的教条是这样的:先例和规则必须得到遵循,除非它存在明显的荒谬或者不正义,因为尽管其中的理性乍一看并不明显,但我们应当尊重先人,不能认为他们的行为完全没有经过考虑。[22]

尽管布莱克斯通和霍姆斯在他们各自的国家是法律领域中有限的观念的最著名的支持者,但他们的观点并不是独一无二的,并且也不仅出现在法律理论家身上。有限的观念在其他领域的支持者在提到法律时同样表达了类似的观点。比如,对柏克来说,法律理论"尽管有其缺陷、冗余和错误,但却是时代的集体理性"。[23] 对哈耶克来说,法律"没有把其结构归功于法官或者立法者的设计"。[24] 亚当·斯密认为,法律对谋杀者"庄严而必要的报复"是"所有关于惩罚效用的思考的前提"[25],而且一般而言,自然仇恨是"对正义的保障和对无辜者的保卫"。[26] 总的来说,不断演化的法律是人类普遍的自然情感和经验的一种表达,而不是知识分子或道德领袖清晰表达的理性。而且,人性并不会随着时间流逝而发生根本变化。霍姆斯假定,"最早的野蛮人……有许多和我们一样的感情和激情"。[27] 在这里,他设想的也是有限的观念所设想的那种典型的平等。

无限的观念

几个世纪以来,无限的观念在正义和法律方面得出了相反的结论。尽管有观点认为,现代的心理学和社会学思想使今天的法院能够对罪犯而不是对犯罪本身进行个性化量刑,但这种个性化量刑的观点至少可以追溯到18世纪,并且一直是无限的观念的一部分,就像相反的观点一直是相反的观念的一部分一样。

威廉·葛德文就犯罪的一般化分类谴责惩罚的"荒谬"和"不公正"。"从来没有相似的罪行。"他说。[28] 根据葛德文的观点:

> 再没有比这更加清晰的格言了:"每一件案子都是针对它自己的规则。"任何人的行为都不会产生与其他任何行为同样程度的效用或伤害。正义的职责应该是区分人的品质,而不是像迄今为止的惯例那样将其混为一谈。[29]

葛德文认为,根据所犯罪行"把所有人还原到同一个起跑线"的诉讼不是"真正的正义"。相反，正义要求"考虑每一个个案的所有情况"。[30] 然而，值得注意的是，尽管葛德文和霍姆斯对于个体化惩罚持相反的立场，但这并不代表他们的"价值前提"是不同的。和葛德文一样，霍姆斯也认为个体化刑事处罚或者民事责任判决在道德上具有优越性，只不过他认为这种更高的道德超越了人类法庭的能力。他们的差别在于经验假定（empirical assumption）而不在于价值前提。

几个世纪以来，对刑事司法个体化的强调一直是无限的观念的一部分。比如，约翰·杜威说：

> 如果每个个案都有类似于完整的临床记录那样的东西，并且每个称职的医师在医治病人时都会按照惯例获得临床记录，那么真正科学的刑法的曙光就会到来。[31]

在无限的观念中，不仅是惩罚的正义，惩罚的效力也存在争议。根据葛德文的观点，惩罚"不利于心智的提升"，因为奖惩的激励会分散人们的注意力，让人们不再关注一种行为比另一种行为更受社会欢迎的真正原因。[32] 葛德文认为："只要我们不受其他影响，只受必要和不可改变的生存法则对行动的影响，道德就会得到改善。"人需要受到"案件的道德运算的支配"，并且应当意识到许多其他人的幸福比他自己的幸福更重要。[33]

有限的观念认为人们的动机和倾向是之前就确定的，强调是激励引导了社会期望的行为，然而无限的观念试图改变人们的动机和倾向，以便降低激励在市场经济和法律中的重要性。[34] 无限的观念寻求的是解决——用孔多塞的话来说，"和解，将每一个人的利益与所有人的利益统一起来"，这样，"通往美德之路就不再艰辛"。[35]

无限的观念认为，问题不在于当前如何最好地构建激励机制，而在于随着时间的推移如何逐渐减少对激励的依赖——尤其减少对惩罚这种激励机制的依赖。社会制度的目标应该是让"人们受到其他的更好的动机的影响"。政治家应该"注意不要让自私的激情愈演愈烈"，并且"逐渐使人们不再考虑自己的利益"，因为一般的激励措施往往会使他们这样做。[36] 葛德文希望看到人们更加关心他们的义务和权利而不是奖励和惩罚。[37]

正因为两种观念对奖励和惩罚的本质与作用的认识迥然相异，所以，它们也以相当不同的方式认识法律的发展。对孔多塞来说，法律的进步是杰出的个人深思熟虑的结果：

> 法律被更好地编订出来，它们看来往往更不像是环境的与心血来潮的飘忽不定的产物；它们是由学者们所制订的，

假如说它们还不是由哲学家们所制订的话。① 38

孔多塞以同样理性的方式设想了进一步的发展：

> 在一个更为固定、更为紧密并且更为复杂的社会里，人们就感到了具有一套更正规的和更广泛的立法的必要性；它需要以更严格的准确性来做出决定，无论是对犯罪的惩罚，还是对约定的形式，它需要把人们所要诉之于法律的种种事实的认定方法置于更为严格的准则之下。② 39

无限的观念继续强调：立法者和法官深思熟虑地创造法律，其目的是创造理想的社会收益。它反对有限的观念所强调的法律程序应有的特征，尤其反对尝试让法官成为宪法或立法规定的程序原则实质上的中立传达者。当程序原则对不同的社会群体产生不同的影响时，原则和法官的中立性如果不是虚伪的，就是虚幻的。

对程序的强调一直被劳伦斯·却伯称为"程序主义危险的诱惑"。尝试演化出为社会带来普遍利益的原则，而不考

---

① 译文选自《人类精神进步史表纲要》，孔多塞著，何兆武、何冰译，北京大学出版社2013年版。
② 译文选自《人类精神进步史表纲要》，孔多塞著，何兆武、何冰译，北京大学出版社2013年版。

虑它们对社会中的子集的不同影响，就是一种"中立的令人麻痹的诱惑"，而逐渐演化的法律的观念则被描述为"自然的道德麻醉想象"。社会结果才至关重要，"各种宪法原则长期存在的对特定种族、性别和阶级的不公正的等级制度隐性的（有时不是隐性的）倾斜"，是令人厌恶的，而试图"为至关重要的实质性选择转移司法责任"，也应该受到质疑。[40]

却伯的观点"质疑所有的公式都是掩盖我们必须做出的宪法选择的工具，而我们不能负责任地假装通过任何中立的技术来进行'推导'"。[41] 简言之，议题不是程序原则，而是社会结果，不是从过去积累的演化得出的法律传承，而是当前深思熟虑后的选择。却伯否认这意味着"什么都可以放进"司法解释中[42]，而是认为，对文本的解释"必然是主观的"，因此解释者"不能逃避对社会道德的重要前提做出承诺的需要"。[43]

> 我们必须做出选择，但是同样要放弃虚幻的自由，选择我们想要选择的东西。因为它是一部宪法——一部具体的、必定不完美的宪法——用宪法的话说，我们是在做出选择。[44]

因此，法官必须介入"有争议的实质性选择，这种选择是支持这个程序的人急于留给选民及其代表的"。[45] 对却伯来说,"宪法必然是实质性的"⁴⁶,因此宪法的诠释者在处置议题时必须考虑实质性的结果。简言之,对却伯来说,成文法既不是不重要的,也不是决定一切的。宪法"不是一面镜子,也不是一个空的容器,使用者想灌什么就灌什么"。⁴⁷

作为基于程序的司法裁决和更加实质的裁决之间的差异的一个例子,却伯批评了一些法庭裁决,这些裁决维护了用某些身体标准来衡量求职者的合法性,而这些身体标准并没有考虑性别的差异,"轻率地忽略性别之间的身体差异,这让以类似的方式对待男性和女性成了令人反感的歧视"。⁴⁸对却伯来说,大量的性别差异案例表明,"权力和地位分配中普遍的不平等被忽视了",以及"需要根除的邪恶"反而被允许作为"无所不在的现实"的一部分而盛行于世,在这种现实中,法律秩序反映了无情的理性,并且与无情的理性共同进行创造。⁴⁹

在类似的脉络中,罗纳德·德沃金呼吁"宪法性法律与道德理论的融合"。宪法本身"以特定的道德理论为基础",必须被理解为对道德概念的呼吁而不是对特定概念的规定——它要被广泛地解释为适用的道德价值观而不是要遵守的明确规则。任何承担重任运用宪法条款的法庭"必须是一个积极的法庭,因为它必须准备好提出和回答政治道德问题"。⁵⁰

个人的权利

两种观念都相信权利。但是，无限的观念所认为的权利实际上是对有限的观念所认为的权利的否定。两种传统中的社会理论家都承认权利不是绝对的，当两种观念发生冲突时，它们为一种权利相对于另一种权利赋予的权重存在差异，范围也有所不同。两种观念的根本差异在于权利概念的确切含义。

有限的观念

正如已在第 7 章指出的那样，有限的观念认为，在法律的界限内，个人和群体可以做出自己的决定，而不会被政治和法律权威在事后评判这些决定是明智的还是愚蠢的，是高尚的还是卑劣的。从有限的观念的角度来看，免受公共权威干涉的范围就是人民权利的范围。这是一种权利的程序性概念——人们在不考虑其他人判断的具体结果的可取性的情况下推进某些程序的法律能力。

尽管这些权利作为免受公共权威干涉的领域而属于个人，但是，根据有限的观念，它们的全部目的是社会性的。在这种观念中，个人为社会公益做出牺牲有着久远的传统，至少可以回溯到哲学和经济学中的亚当·斯密及英美法中的霍姆斯和布莱克斯通。然而，恰恰是这种传统一直在强调比如个人财产权的重要性。财产权的最重要的优点是其社会性，因为它让经济程序的效率更高[51]，社会程序的冲突更少[52]，政治程序的权力和影响更加分散，而不是像在对经济进行集中管控时可能出现的那样。[53]该观念认为，这种程序的受益者是广大民众，财产权的正当与否建立在这个基础之上。

言论自由的权利也是免受公共权威干涉的领域，无论这些言论是明智的还是愚蠢的，是高尚的还是卑劣的。霍姆斯在最高法院发布的两份最著名的关于言论自由的意见中，将自己支持言论自由的结论建立在它对社会有利（social expediency）的基础之上，而不是建立在个人权利的至高地位之上。在艾布拉姆斯诉美国案（Abrams v. United States）中，霍姆斯指出，说它对社会有利是因为人类知识的内在局限以及其中隐含的关键权衡。"对观点表达的迫害"可能"在逻辑上无可挑剔"，他说，假如"你对你的前提毫不怀疑的话"。他继续说：

> 当人们认识到，时间颠覆了众多值得为之奋斗的信念，他们就会相信，甚至比他们相信自己行为的正当性还要确信，我们所追求的至善，唯有通过思想的自由交流才能更好地实现——对真理的最好的检验，是这一思想让自己在市

场的竞争中为人所接受的能力,真理是使愿望能够顺利实现的唯一基础。无论如何,这是我们宪法的理论。它是一场实验,正如所有的生命都是一场实验一样。即使不是每一天,每一年我们也必须把我们的救赎押在某些建立在不完美知识的基础上的预言上。[54]

这种观点囊括了有限的观念的关键特征:(1)由社会程序而不是清晰表达的理性来检验真理(2)人类固有的局限——人类"不完美的知识",就是我们依赖社会程序的原因;(3)依靠经验作为总体的理论依据("时间已经击碎了许多好战的信仰")。

社会公益高于个人利益的观点既出现在这里,后来也出现在申克诉美国案(Schenck v. United States)中。在艾布拉姆斯诉美国案中,虽然霍姆斯敦促人们永远保持警惕,反对压制被认为是讨厌和危险的观点,但他的附加条件是"除非这些观点直接与法律合法的或紧迫的目的相冲突,以至于有必要立即制止以拯救国家"[55]。显然这个附加条件引发了他在申克案中更著名的附加条件:"明确的现实的危险"。在两个案子中,公共利益被认为是至高无上的,言论自由是由此衍生出来的一种个人权利,目的是服务于公共利益——因此,当它直接、明确地威胁到公共利益本身时,就总是要被废除。

最后，言论自由的权利，不管它的范围和限制是什么，都只意味着它单纯地免受公共权威的干涉，但并不意味着当局要采取任何促进言论自由的措施。

无限的观念

有限的观念认为，个人权利是社会程序的工具——其范围和界限的正当性由产生它们的社会程序来证明——与有限的观念不同，无限的观念认为权利是出于自身的个人利益而与生俱来的，也是对人性的基本承认。因此，言论自由或财产权是否正当取决于它们对行使权利的个人的相对重要性。考虑到财富分配的不均等，以及言论的普遍存在，在这种观念中，言论自由在逻辑上就成了比财产权重要得多的权利。因此，言论自由可以彻底免受公共权威的干预，但是财产权却不是这样。德沃金不屑于反驳"那个愚蠢的命题，即真正的自由主义者必须像尊敬智识自由（intellectual liberty）那样尊敬经济……"。[56]

涉及财产权的议题在德沃金和却伯的无限的观念中是以一种以结果为背景的角度来认识的，而不是一种以程序为背景的角度。尽管那些持有限的观念的人关注的是财产权制度对经济程序的激励效应，但是，持无限的观念的人关注的是诸如现有财产分配等的社会结果。因此，保障财产权的法律在劳伦斯·却伯的无限的观念中被视为"使现存的财富和经济权力的分配免受多数主义者的重新安排,就好像资本的这种模式和分配反映了某种天命或天然神圣的东西,而不是某种由政治制度选择的东西"。[57]对却伯来说,财产权议题是关于"资本的现有分配"的议题。[58]赞成财产权的学说代表了一种"反对再分配的倾向"。[59]美国宪法制定者所支持的"财产权和契约权"代表了"实质性的价值"。因此,却伯认为"令人迷惑的是,还有人在面对这种现实的时候,依然能够说宪法应该主要与程序有关而不是与实质有关"。[60]根据却伯的观点,理论中"看似中立的原则"在实践中会"明确地向当前财富和影响力集中的方向倾斜"。[61]

却伯同样在实质性结果的背景中看待言论自由:

> 公园和街头这样传统的公共区域的衰落,伴随着私营购物中心崛起为接触公众的重要地点;散发传单、纠察和街头演说这样廉价的沟通方式已被电子广播、报纸广告和直接邮寄等昂贵的媒体所取代。[62]

简言之,"对于我们来说,言论可以是一切,但就不是'自由的'"[63],根据却伯的观点,"事实上,并不是所有人都享有言论自由的权利"。[64]这种言论自由的概念就像无限的观念中的一般自由的概念一样,显然是一种结果,而不是霍姆斯所说的程序的概念,在后者的概念中,言论自由只与免受政府权威的干涉有关。言论自由的这种成本概念不仅出现在劳伦斯·却伯或者其他法律理论家那里。美国最高法院在一系列有关违反业主禁令在私有财产(住宅、购物中心)处派发传单的案件中做出了有利于派发传单者的裁决,因为行使另一种形式的言论自由代价过高,所以产权只能做出让步。[65] 根据却伯的观点,如果法庭不支持那些因侵入法被捕的人,这就意味着地方财产法将"拒绝第一修正案对企业生活区(company town)的居民和希望与他们进行交流的人的保护"。[66] 按照这种概念,将存在对言论自由的剥夺,即使所说的内容在其他地方仍然不受政府权力的约束。

社会的正义

威廉·葛德文 1793 年的《政治正义论》可能是关于社会正义的第一本专著。题目中"政治"这个词汇是在那个时代的通常意义上使用的,指的是有组织的社会——就像当代用"政治经济学"这个表述来指代社会的经济学,以区别于家庭的经济学。简言之,葛德文写的是我们今天所说的社会正义。葛德文描述的社会正义是一种普遍而苛刻的职责。他说,"我们对同胞的债务"包括"我们为他们的福利所能做的一切努力,以及我们为他们的需求所能提供的所有救济"。根据葛德文的观点,"我们拥有的每一份才能、每一分时间和每一先令的财产,都要对公共利益的裁决负责,我们也有义务把钱存入具有共同利益的综合银行之中"。[67]他驳斥了"这种假定,即我们有权利去做我们自己想做的事情,就像人们所说的那样"。他否认了它的前提:"严格地说我们实际上没有属于自己的东西。"[68]

然而,这些都是道德责任,不是政治责任,比如可能由福利国家或者社会主义政府强加的责任。正是这种沉重的社会责任所具有的压倒性的道德力量,让葛德文(或者孔多塞)认为没有必要援引政府权力来实现今天被国家认同的社会变革——而且就政府的作用而言,两人都支持财产权和自由放任经济[69]。然而,不难看出葛德文和孔多塞所追求的那种社会分析是如何导致其他人反对自由放任经济学并对财产权持保留态度的,如果不是完全反对的话。正是由于他们相信理性的力量最终会使道德义务成为个人行为的有效指南,葛德文和孔多塞才会认为没有必要诉诸政府作为他们所寻求的全面社会变革的工具。(这也揭示了机械地把无限的和有限的观念解读为政治左翼和右翼会有什么问题,因为葛德文和孔多塞比许多左翼更加"激进",左翼不愿触及财产权或支持援引政府计划。）

无论它的机制或细节是什么，社会正义一直是从葛德文到罗尔斯的无限的观念的主要议题。和其他形式的正义一样，它被理解为一种结果而不是一个程序。尽管无限的观念中充斥着社会正义的重要性，然而它在有限的观念中并不存在。在有限的观念的传统中，社会思想家们把收入分配问题作为一个程序的问题处理，并考虑其中人性的一面以及效率问题，实质上并不存在一种收入分配结果比另一种更正义。在有限的观念中，F. A. 哈耶克是少有的几个从根本上讨论社会正义的作家之一，而他认为社会正义是"荒谬的"[70]，是一个"海市蜃楼"[71]"一个空洞的咒语"[72]"一个半宗教的迷信"[73]，以及一个"不属于错误范畴而属于胡说范畴"的概念。[74] 在同一个时代，有限的观念的传统中的其他人——比如米尔顿·弗里德曼和理查德·波斯纳（Richard Posner）——并不屑于去讨论社会正义，甚至不把它当作需要批判的对象。

因此，社会正义的概念代表了观念冲突的极端——一种观念中最重要的概念，而在另外一种观念中则不值一提。

无限的观念

帮助处于逆境的人的人道努力几个世纪以来一直是两种观念的传统的一部分。亚当·斯密参与了这样的努力，无论是在理论中还是在实践中。[75] 约翰·斯图亚特·密尔也是如此。[76] 反对奴隶制的运动也得到了分别持有这两种观念的著名人物的支持——既得到柏克和斯密的支持,也得到葛德文和孔多塞的支持。[77] 在 20 世纪,米尔顿·弗里德曼提出了收入向穷人转移的计划,萧伯纳也提出了相应计划。[78]

无限的观念与众不同的不是它规定了对穷人的人道关怀,而是它认为把物质利益转移给不幸的人不仅仅是一个人道问题,还是一个正义问题。爱德华·贝拉米的小说《回顾》反对将穷人贬低为接受面包皮的阶层,认为称施舍面包皮为慈善更是过分。作为在很大程度上是由前几代人的努力所创造的繁荣的共同继承者,他们有权获得更多——以正义的名义。

社会正义这个概念的核心是:个人有权分享社会生产的财富,仅仅是因为他是这个社会的成员,而不论个人对该财富的生产是否做出了贡献。他们是获得了全部的份额还是更少的份额,或者仅仅是最低限度的"体面"?这一思想传统的不同社会思想家以不同方式回答了这个问题,但最重要的是,每个人都被认为有权分享成果关乎正义,而不仅仅关乎慈善。根据葛德文的观点:

> 财富积累不正义的学说一直是所有宗教道德的基础。最

有活力的导师受到其不容辩驳的指引,一直在坚持这方面的明确真理。他们教导富人说,他们只是在以信托的形式拥有自己的财富,他们对每一分支出都严格负责,他们仅仅是管理者,而绝不是主要的所有者。但是,尽管宗教向人类反复灌输这种正义的纯粹原则,不过很遗憾,大部分信仰者一直把践行正义视为一种自发的慷慨行为,而不是一种应该深思熟虑的债务行为。

这种模棱两可的学说的影响是:把我们想要的东西交由少数人支配,使他们能够用并非真正属于自己的东西来显示慷慨,并通过债务的偿还来购买穷人的服从。他们的学说是一套仁慈和慈善的制度,而不是正义的制度。它用虚夸来掩饰富人的行为,使富人满怀不合情理的骄傲;它引导穷人认为自己获得的微不足道的舒适并不是无可争议的应得之物,而是他们富裕的邻居的善举和恩惠,并因此备感卑屈。[79]

类似的主题依然是无限的观念的传统的一部分。萧伯纳鄙夷那些"投身于施舍以减轻他们病态的愧疚感"的人,部分原因是"这样做使贫民备感羞辱,使赞助人充满了邪恶的骄傲,并使两者都心怀怨恨",但更根本的原因则是"在一个正义而有远见的国家里,贫民没有理由这样做,赞助人也没有机会这样做"。[80]

尽管在无限的观念中社会正义的概念围绕着收入分配的议题打转（收入分配被视为一个统计结果），但也有人关注社会流动性，它同样被视为一个结果。有限的观念对所有这些问题的看法是截然不同的。

有限的观念

F. A. 哈耶克在有限的观念的著名人物中是个例外，因为他大肆讨论社会正义，但是他的讨论可以提供一些线索来说明为什么这个传统中的其他人不屑于讨论它。持无限的观念的人把社会正义界定为一种结果并热情地拥抱它，然而哈耶克却把它当作一种程序，他苦苦地反对"这种残暴的原则，它意味着所有的奖励都应该由政治权力决定"。[81] 哈耶克既没有挑战、接受，也没有否认其他人所描述的社会正义的结果。他反对，并不是说某种收入结果的替代模式更可取，而是说试图创造这种先入为主的结果意味着创造"能摧毁一个文明"的程序。[82]

哈耶克的整个思维方式与罗尔斯的恰好相反。当罗尔斯反复谈到为什么社会应该出于正义（以某种方式）"安排"一种结果而不是另一种结果时，他把注意力从社会程序转移到社会目标上。但是，哈耶克又把注意力从这些社会正义的目标转移到追求这些目标时产生的程序的特征上，转移到认为这些程序代表着自由和普遍幸福的危险之上。简言之，每一方都远离对方的首要关切——首要关切不仅关乎自由和正义哪一个更重要，而且还关乎程序特征和目标特征哪一个更重要。

哈耶克把关于社会正义的许多浮夸的言辞视为对实现这些目标所需的程序中固有的严酷现实的充满困惑的逃避。对哈耶克来说，这些通常被形容词"社会的"所修饰的东西——正义、良心、民主——本质上就具有内在的社会性，所以，如果诚实、直接地使用它，这个形容词就会因冗余而毫无意义。根据哈耶克的观点，它"出人意料地毫无意义"[83]，因此"使用它要么是轻率的，要么是有欺骗性的"[84]。

尽管哈耶克发现"社会正义"的概念缺乏明确的含义，但它在制度中无处不在，他认为这既错误又危险。许多"习惯使用这个词的人，都不知道它的意思是什么"[85]，他说，使用这个词并不仅仅是在"草率地思考"，而且是一种"智力上的不诚实"[86]。根据哈耶克的观点，"'社会正义'一词并不像大多数人认为的那样，是向不幸的人表达纯真的善意"，而实际上成了"一种不诚实的暗示，即人们应该同意特定利益集团的要求，而这些要求并没有真正的理由"。[87]在哈耶克的观点中，危险体现在："'社会正义'的概念……一直是极权主义借以入城的特洛伊木马。"[88]——纳粹德国就是一个例子。[89]

在社会政策的层面上,哈耶克反对"社会的'行动',或者社会对个人和群体的'治疗'"这样的观念,因为它是与系统的社会程序的概念不相容的"拟人论或者人格化"。[90] 根据哈耶克的观点,"从这样的程序中要求正义显然是荒谬的",因为"自发形成的秩序的细节不可能是正义的或者不正义的"[91],因为"结果不是蓄意的或可预见的,它取决于任何人都不能完全掌握的大量情况"。[92] 在哈耶克看来,要求社会正义潜在的,也是危险的后果在于:仅仅在想要分配得更好的空洞的幌子下,整个程序发生了巨大的变化。对哈耶克来说,"社会,在最严格的意义上必须从政府机构中分离出来,它不能为了一个特殊的目的而行动",因此"对'社会正义'的要求变成了要求社会成员以某种方式将自己组织起来,使其有可能把社会产品的某一份额分配给不同的个人或群体"。[93]

简言之,那些支持社会正义的人主张的是一系列特定的结果,而哈耶克反对的是某种隐含的程序,这种程序为特定的个人或群体寻求这样或那样的特定的社会结果。他反对的是"对整个社会图景的详尽蓝图的渴望"。[94] 对他来说,将社会"拟人化"为能够实现期望的特定社会结果的"有思想的集体化实体",前提是对"超出我们的认知"的社会细节的内在掌握。[95]

不仅是这种尝试的无效性,其危险性也是哈耶克反对的核心。在他看来，人的自由在很大程度上取决于普遍的规则，特别是取决于划出免受政府权力干预的领域的规则。这些权利——正如在有限的观念中认为的那样——"保护了可确定的范围，其中每个人都可以根据自己的选择自由地行动"[96]，所以说它们与社会正义的权利截然对立，后者意味着扩大政府的权力领域并创造特定个人或群体在道德上有权获得的社会结果。他们在道德上是否享有权利，这是一个在无限的观念的传统中被许多作家详细论述的主题，也是哈耶克关于社会正义的各色著述中被完全忽略的主题。这一点在逻辑上与他对这种尝试的无效性和危险性的看法是一致的。这也可以解释为什么其他持有限的观念的作者根本不讨论社会正义的一般概念，尽管他们也讨论收入分配或企业的"社会责任"之类的具体问题[97]，或者像理查德·波斯纳那样写一整部关于正义的专著。[98] 考虑到无限的观念的假定，社会正义是所有政策或社会讨论的核心。而考虑到有限的观念的假定，它几乎不值得讨论，就像方圆不值得讨论一样，无论这种东西有多可取，如果它们是可能的话。

根据哈耶克的观点，社会正义概念的最大危险是它会削弱并最终摧毁法治的概念，只不过是为了用"真正的"或"社会的"正义（通过扩大政府的权力）制造一系列结果，在曾经不受政府权力支配的领域做出自由裁量决定，从而取代

"形式上的"正义——一个受规则支配的程序。虽然哈耶克认为一些社会正义的倡导者愤世嫉俗地意识到他们实际上是在努力使权力集中起来，但他认为更大的危险在于那些真诚推广这一概念的人的热情不知不觉地为其他人——极权主义者——铺好道路，特别是在意识形态、政治和法律障碍被扫除后，政府权力就可以更轻易地完成自己的任务了。因此，他认为纳粹主义是德国社会主义者和其他人"思想长期演化的高潮"[99]，这些人的目标虽然与纳粹大相径庭，但是他们削弱了对法律规则的尊敬，而推进了特定社会结果的达成。[100]

总结与启示

无限的观念

在无限的观念中，人能够预见并控制一项决定的社会后果，无论是个人还是社会都在因果上和道德上对所做的选择负有责任。因此，社会正义的结果的本质，是无限的观念的一个核心问题。该观念已经产生了许多关于社会正义原则的著作，从18世纪威廉·葛德文的《政治正义论》到20世纪约翰·罗尔斯的《正义论》。这种观念不仅要求对不幸的人施以慈善，还要求给予正义。它要求法律不只是程序性的规则，还要是正义的结果——在发生冲突时，前者要让步于后者。

根据无限的观念，法官不应把自己限制在运用程序性规则上，却不考虑结果是否正义。相反，他们需要运用暗含在法律中的道德标准，而这些规则本质上是要提出建议。法官不能对自己或他人假装他们只不过是在运用规定好的程序性规则，但实际上特定的法律规则制造了特定的社会结果，因此，无论法官承认与否，社会选择都是由他们暗自做出的。持无限的观念的人想按照宪法的价值观和规范公开做出选择，而不是按照对宪法规则的狭隘解读或纯粹根据临时的司法偏好来做出选择。

在这种观念中，个人的权利将作为对人性的基本认可而被"认真对待"，如果基本的人权（比如言论自由或者被告要求宪法保护的权利）存在争议，社会利益就要给它让步。[101] 对于权利之间的冲突，那些将人定义为主体而非客体的权利应绝对优先于其他权利，如财产权，而且所有的权利都应压倒所有的利益，如社会和平的普遍利益或经济效率。由纠察队或分发传单者造成的不便被视为为言论自由这项基本权利付出的微小代价；由于宪法对于认可所有人的基本人性至关重要，所以一些罪犯受到宪法的保护逃脱了法律的惩罚同样是一种值得付出的代价。

考虑到在无限的观念中，个人和社会决策者更有能力预见行动的结果，相应地也有更大的道德负担去践行"社会责任"，而不仅仅是在程序的规则内追求自身的个体利益。特别是在威廉·葛德文的观念中，每个人实际上因此成了社会的代理决策者，即便是在做出纯属个人和非官方的决定时——这种代理不是指控制其他人的决定，而是指以促进普遍的福祉而非个人幸福的方式来做出自己能够做出的选择。因此，葛德文激进的个人主义在程序上与现代的自由至上主义一样，都彻底拒绝政府在经济中发挥作用。然而它也希望特定的社会结果成为决策程序的直接目标，在这个意义上，它更接近现代的社会主义。

平等一直处于无限的观念的传统的核心，就像在其他地方一样，它也出现在正义的概念中。在这个传统中，平等有程度和模式之分，但无论其中有多少不同，平等都意味着结果的平等。既然人有塑造社会结果的能力，就意味着要对些人进行补偿而不是对所有人一视同仁。尽管在"平权行动"政策中，这种方法的现代形式是十分晚近才出现的，但是，补偿性社会待遇的想法至少可以回溯到 18 世纪的孔多塞。[102]

除了在逻辑上与无限的观念一致以外，"平权行动"也表明了权利和利益在该观念中的作用。普通民众被认为会在特定的工作、大学录取和其他福利中获利，这些福利可用于对被选定的群体进行补偿。被选定的群体中的人有权获得他们本应拥有的地位，跳出历史上的歧视模式。因此，利益要给权利让路，权利是"王牌"。无论是来自绝大多数人口还是被选定的少数群体，个人从就业、大学录取或者其他福利中获得的利益是相等的，遭到拒绝时面临的损失也是相等的。但是，被选定的少数群体在过去低人一等的歧视中受到损害，而目前来自多数人口的被拒绝的申请者在"逆向歧视"（reverse discrimination）中没有遭受这种损害。既然低人一等的污名是对基本人性的否定，因此也就侵犯了权利，而"逆向歧视"可能只侵犯利益。这再一次验证了在这种观念中权利优先于利益。

在无限的观念中，道德权利是对结果的权利。它们的政治和司法措施证明了政府权力扩张到利益领域的正当性，比如扩张到受财产权保护的领域。其他权利没有被废止，而是被缩减至必要的程度，以维护更加基本的权利和受宪法保护的价值观。这个程序涉及法官对相互竞争的价值观的权衡——用劳伦斯·却伯的话来说，做出复杂的"宪法性选择"——而不是简单地应用程序性规则。

有限的观念

许多无限的观念认为在道德上必须去做的事情，有限的观念认为人类对此无能为力。有限的观念的重要前提是，认为人不能有效地监管其个体选择的社会后果和影响——无论是为了自己而行动还是以社会的名义行动——所以在社会正义的大旗下,大量道德原则是毫无意义的。如果人不管怎样都不能选择社会结果,那么他就不可能做出任何"宪法性选择"。即使个人的决定具有重大的社会影响,这种影响也很少会是他想要的结果,因为有限的观念认为,有意识地理性地决定社会结果,这超出了人的能力。持有限的观念的人的一个核心关切,就是由此产生的事与愿违的重大社会影响,包括在追求虚幻的社会正义时破坏法治。

在有限的观念中,正义的原则从属于正义的可能性(possibilities of justice)。奥利弗·温德尔·霍姆斯承认,如果一个人无意地伤害了他人,想想他与生俱来的笨拙也许是一种更高形式的正义,但他拒绝将其视为一个超越人类能力的民事诉讼(civil litigation)原则。持无限的观念的人出版的关于社会正义的全部文献几乎完全被持有限的观念的人所忽略。这两种观念都涵盖了特定的议题,但是现代社会正义理论的一般原则在有限的观念中没有得到同时代的佼佼者的检验或评价。即使哈耶克比同一阵营的其他人更加重视这类文献,但他事实上并没有花时间在它的一般原则上,相反,他所关心的是要确定试图追求这样的目标可能导致何种社会结果,其中隐含的意思是,这样的目标想要真正得以实现是不可能的。

社会程序是有限的观念的核心。个人权利在社会程序的需要中产生、获得意义并找到其界限。然而,这并不意味着在职的法官或政治领导人有权根据他们对不断变化的社会需求的评估,临时扩大或缩小这些权利。相反地,这些权利是免受政治或法律权威的判断干预的领域。对长期社会利益的评估已经隐含在该豁免中。这体现了有限的观念和无限的观念之间更加普遍的差异。它们的差异不仅在于自由裁量权的归属和模式,还包括评估的归属和模式。

在有限的观念中,人能够对社会程序做出长期的、一般性的评估,比如,把立宪政府与其他类型的政府,或者把竞争性经济与政治指导的经济相比较。评估的模式是经验的,而被揭示出来的许多人的偏好——特别是当他们"用脚投票"时——从这个角度看,比来自少数人的清晰表达更加有说服力。与之相反,无限的观念默认,在为众多的社会问题逐一提供离散的解决方案时,人类能够更加直接、更加细致地做出判断。

持无限的观念的人常常强调法官或者其他代理决策者所权衡的社会选择的复杂性,而持有限的观念的人则认为这种复杂性太大,以致代理决策者无法掌控具体的社会结果,他们应当处理更容易管理的任务,即运用让无数个体酌情做出实质性权衡的规则。

由于通常的社会结果很难控制,补偿性正义不在有限的观念考虑的范围之内。"平权行动"这类政策的道德原理很少或者根本没有受到关注,因为实现这些政策的可能性微乎其微。相反,要检验的是由这些政策所产生的激励及其对社会程序的影响,特别是对与发布规定了结果的法令形成对比的法治产生的影响。在巴基案(Bakke case)中,"污名"的论点被驳回,理由不是因为它不真实,而是因为它不属于最高法院被授权适用的宪法规则的一部分。[103]

在有限的观念中,正义与其他任何东西一样,"最好,就是善的敌人"。

第 9 章

观念、价值观和范式

两种观念在道德和智力层面都不同。而且,社会观念在一些方面——尽管不是所有方面——也与在科学中发挥着重要作用的观念不同。道德层面的一个核心问题是不同的社会观念在多大程度上反映了价值前提的差异。智力层面的一个核心问题是社会的观念和自然现象科学理论隐含的观念的历史非常不同。此外,了解社会问题是否代表着价值观、观念或利益的冲突也是有益的。

范式和证据

尽管观念包含假定的事实和假定的原因,但是,观念并不是托马斯·库恩（Thomas Kuhn）所谓的"范式"——因果关系的理论模型。[1] 观念几乎可以说是对事物是什么以及它们如何运转的一种直觉。库恩的"范式"是一个在智力上更为发达的实体，包括科学的"规律、理论、运用和仪器的总和"。[2] 观念可能引出范式，无论是在科学领域还是在政治学、经济学、法律或者其他领域，但是，观念和范式是智力过程的不同阶段。无论是在科学思想还是社会思想中，首先出现的是观念或者灵感，然后经过系统化成为范式，范式包含具体的理论及其狭义的可以用证据来检验的假设。

就一般的智力而言，科学现象的观念和社会的观念的演进路径是平行的。然而，科学中对立的范式并没有像普遍存在于政治学、经济学、法律和社会思想领域中源于有限的和无限的观念的范式那样，已存在了几个世纪。燃素理论和氧化理论在化学中并不是长期共存的。在历史上，科学的范式往往是交替出现的，而不是在若干世纪中共存。在科学发展的早期阶段，"面对同样的特定现象的人"可能"会以不同的方式描述和解释它们"。但是，这些分歧，根据库恩的观点，"在很大程度上消失了，接着就会彻底消失"。[3] 在社会思想中，这样的过程并不普遍。

科学理论和社会理论的根本差异不在观念的层面上，甚至也不在范式的层面上，而在于理论中可用经验来检验的假设。不可控的变量阻碍了社会的实验室实验，拒绝了对推翻特定假设具有决定性的对照物，而它们反过来可以动摇理论，甚至可能推翻范式和它们所体现的观念。而且，人类的生物性延续意味着失败的实验不可能一遍遍从头开始，就像化学家在一个失败的实验中扔掉一批化学药品，然后再尝试一批新的化学药品。如果没有希特勒，我们可能永远不会知道今天的德国会是什么样，或者，如果没有罗马帝国的兴衰，我们可能永远不会知道西方文明会如何发展。简言之，在社会观念中，证据没有那么具有决定性。这不仅由于证据的性质，也由于对社会价值的投入力度。

尽管对立的观点是从观念开始的，但它们并没有终结于观念。观念仅仅是构建理论和演绎特定假设的原材料。按理说，相互对立的结论可以用证据来检验，这样观念的冲突就解决了。有许多原因可以解释为什么没有出现一种观念对其他观念的决定性胜利，尽管一些个人可能发现足以改变他们思想的具体证据。

不能期待存在决定性的证据让一种观念获得一般性的重大胜利。每一方都会积累大量的部分证据，但一个人对支持和反对自身观念的证据所赋予的权重不同，从而在主观上被某种观念说服。即使可以在经验上做出明确反对并给出证据，一条战线上的每一次失利也不意味着战争的结束，更不是无条件投降。当源自某个特定的观念的假设以其最初断言的形式与证据发生矛盾时,它们仍会以一种不太极端或更加复杂的形式重新登场。

不过,证据并非不重要。"通往大马士革之路"的转变的确会发生。即使这种转变仅仅是个案,但是,对一个人一般性的观念的影响可能会在其他假定和信念上引发多米诺骨牌效应。对证据的回应——包括否认、回避和困惑——同样证明了威胁的存在。证据与观念的关系的一个极端,是证据完全从属于由观念或由观念衍生的理论所得出的结论。多年来忽略、回避、否认或者解释斯大林大屠杀和劳改营的越来越多的证据的西方知识分子就是这种现象的典型例子。

在有限的和无限的观念中都能发现类似的案例。尽管关于特定议题的证据是可以造假的,但是,这种现象本身就真实且有力地证明了观念的力量。在许多情况下,造假并不是为了增加个人在经济、政治或者职业上的收益。这么做仅仅是为了观念本身。

要回避证据,也不一定非得造假。一个理论的构建本身可能会使它避免和相反的证据直接对抗。换句话说,理论可以被表述得不可能让任何事情证明它是错的。在这种情况下,理论被简化为经验上的无意义,因为所有可能的结果都与它一致,所以它预测不了什么。然而,尽管它不专门预测单一的具体结果,但是,它可能暗示了大量的东西,并且在暗示中非常有效。马尔萨斯的人口理论是这种类型的理论的一个经典例子,它完全建立在有限的观念基础上,但后来却被其他人改编为源于无限的观念的议程的一部分。

马尔萨斯在1798年详述的人口原则中描绘了极其有限的人类居住的一个极其有限的世界的糟糕画面。这个理论明确反对威廉·葛德文和孔多塞的观点[4],他们关于人类的无限的观念为马尔萨斯所厌恶。

马尔萨斯的理论从两个假定出发——(1)"食物对人类生存来说是必需的";(2)"两性间的激情是必需的,并几乎将保持现在的状态"。他把这些称为"我们本性的法则"[5]——简言之,限制不可能消失。其中隐含的还有收益递减法则,因此,人口的增加不会导致粮食供应随着更多的人种植粮食相应增加。[6]所以,人口增加和食物增加的限制是不同的。他的逻辑足以达成他的目标,即论证人口可能增长得比食物快。通过把前者的增长率称为"几何级数的",而把后者称为"算术级数的",他以一种使这个想法不可磨灭和具有历史意义的方式来渲染这种差异。

因为人口最终受到食物供应的限制,所以马尔萨斯最初的理论的经验含义是必须能观察到类似的增长率。马尔萨斯说:"人口一直与地球所生产的食物成相称的比例。"[7]这是从马尔萨斯的两个假定推导出来的重要结论,也构成了对马尔萨斯理论真伪的经验检验。从长期看,如果食物的供给增长快于人口的增长,人均营养量就会增加,所以马尔萨斯的理论就是错的。考虑到两种可能的结果会分别证实或者否定马尔萨斯的理论,在足够长的时间以及收集了充分的数据以后,这个问题似乎就几乎没有争议的空间了。

然而,由于马尔萨斯在批评的压力下改变了表述方式,理论与证据这样明确的对立并没有出现。数年以后,马尔萨斯宣布,大众更高的收入可能导致"两种非常不同的结果"——人口的增加或者"生存模式的改善"——中的一个。[8]由于两种可能性现在都被认为与马尔萨斯的理论相符,所以,不可能会有证据证明他的理论是错的——无论它实际上是对还是错。事实上,根据不断积累的人口和其他数据,食物供给——以及一般的生活标准中的其他要素——倾向于增加得比人口快。然而,马尔萨斯的人口理论幸存了下来,并繁荣兴盛。

马尔萨斯明显持有限的观念。"为了防止痛苦再次发生,不幸的是,这不是人所能做到的。"[9]他说。他甚至怀疑寿命是否会持续增加。[10]他谈道,"人类本性中固有的规律绝对独立于所有人类的规定"[11],而且"人类的恶习和道德弱点是不能克服的"[12]。然而,尽管马尔萨斯的人口理论属于有限的观念的传统，但是它并不是唯一与这种观念相一致的人口理论。亚当·斯密的人口理论在分析和结论上完全不同。[13] 而且，马尔萨斯的人口原则经过修正后再度出现在持无限的观念的政治左翼中间。

在该理论的修订版中，人口过剩既不是固有的，也不再是不可克服的，它只不过不能靠个人的自由裁量权有效地预防。然而，在政治领导下可能从生育控制和堕胎中得出一个"解决方案"，严厉性从劝诫到强制都有可能。简言之，源自一种观念的想法可能会被改编得适应另一种观念。但是，马尔萨斯的人口理论要想在足够长的时间内完成这种转变，它首先必须在一个多世纪的矛盾证据中生存下来。它在这方面的成功表明，回避和同义反复可以让一个理论免遭证据的诘难，就像直接造假一样有效。

造假显然是一个刻意的决定，而回避并不必然是刻意的，对什么是证据的误解则更不是刻意的。理论可以持续存在，因为让它们与证据对抗的艰巨任务如果没有充分的技巧和谨慎就不能轻易完成。在检验理论的人自身持有不同的观念，并且他根据自己的理解而不是根据观念本身解读对立的观念之时，情况尤其如此。这种情况出现在经济学的一场著名争论中。这场争论刚好在二战后爆发，论战双方是观点截然相反的不同学派的经济学家，而浩如烟海的证据并没能完全解决这个争论。

传统的经济学理论认为,人为(由政府或工会)强加的工资率比竞争性劳动力市场决定的工资率高,这可能会导致雇用人数减少。这是更普遍的经济原则的一个直接推论,即任何东西都是价格更低时购买更多,而不是价格更高时购买更多。为了检验这个理论,批判这种观点的学者向数百名雇主发放问卷,询问在包括工资率在内的不同可能的条件下,他们是如何做的或者会如何做。大多数雇主在他们的回答中并没有表明他们会通过解雇工人来应对工资增长。批判者认为这反驳了主流的经济学理论。[14]

然而,主流的经济学理论谈的并不是个体的雇主说些什么,而是经济作为整体会如何。这个调查询问雇主他们自己所选择的调整方式,但需要检验的经济学理论说的是相反的现象——一个竞争性的经济是如何把调整方式强加给个人的。比如,一名雇主可能通过维持雇用人数并以高价把成本的增加传递给消费者的方式来应对工资的上涨,但如果这种价格的上升导致其产品销售量减少,然后迫使他削减产出和雇用人数,这种最终结果就与他因被迫涨工资而审慎地解雇工人一样。

真正的议题是外部强制的工资上涨是否减少了雇用人数,而不是要确认它是不是以下现象的特殊形式:(1)个体雇主决定解雇工人;(2)边缘企业的破产;(3)进入该行业的新企业的数量减少;(4)成本的增加被转嫁给消费者,从而导致销售量和雇用人数下降。简言之,待检验的理论是关于市场调整的系统性理论,而问卷调查的是幸存企业的个体意向。收集的大量证据与议题无关。

这些例子并不是为了证明下面这个显而易见的观点,即错误或者缺点有损于对证据的使用。相反,它们说明了不同和相互冲突的观念共生的特殊方式,尽管有大量的事实性证据可能打破平衡,将局势决定性地由一边扭转到另一边——在几个世纪中,有限的和无限的观念就是这样共同生存和繁荣的。

在极端的案例中,证据轻易地被伪造,或者被巧言所回避,它使理论变得空洞,失去其经验意义,取而代之的则是强大的暗示性。相反,收集证据的人只需误解理论中的术语,就会使证据看上去与理论相冲突。或许就是在没有人要求或提供任何证据来证明与流行观点相一致的断言之时,观念的力量才最能被展示出来。

这种现象的一个最晚近的例子,是下面这个被大量复述的断言,即在非裔美国人中更高的家庭破裂率和少女怀孕率是"奴隶制的遗产"。大范围重复这个断言数十年之后,一项综合的事实研究才完成——揭示了与当今的黑人相比,奴隶制下和获得解放后的数代黑人中家庭破裂和青少年怀孕远不是那么普遍。[15]再次声明，重点不在于某个特定的结论是错误的，而在于一个广泛传播的没有证据支撑的断言多年中没有受到挑战，就因为它符合某种特定的观念。不需要任何证据就能够维持断言，是观念的力量和持久力的另一个象征。

把观念，也就是对因果关系的不成熟的感觉，发展为一套特定的理论和推论——一个范式，或一个表明将要发生什么的智力模型——这一过程中的困难，既有智力上的，也有精神上的。术语的精确定义，因果关系的悉心构建，以及显然不同于其他备选理论的特定假设的演绎——所有这一切要求的不仅有技能，还有纪律和专注的努力。一定程度上讲，如果一个人在情感上承认或公开认同某个特定理论，该理论在证据面前的失败就会给他造成痛苦的负担。在尝试调和范式与即将到来的反面证据时，最初的简单的原则可能被修正和复杂化，直到变成小题大做的奇妙装置（Rube Goldberg contraption）。

嘲笑这些临时的复杂化，并不是要反驳。而且，任何范式——作为模型而不是现实——都不必完美地与证据相符。下落物体的速度的科学公式忽略了大气阻力的影响，但是没有人认为这是在反驳重力规律，因为实际的科学观察揭示了理论预测的加速度与物体下落穿过空气时被观察到的加速度之间的偏差。相信重力规律的人们不会被指责为否认大气的存在。相反，他们不认为大气层对引力理论至关重要，而将其作为增加理论复杂性的一个不必要的因素进行省略，除非在特殊情况下（如充满氦气的气球会上浮而不是下沉）才予以考虑。

同样，无限的观念的信奉者并不否认人存在某些局限。他们只不过是认为这些局限在社会理论中并不具有决定性作用，他们以完全不同的术语来解释理论的因果要素，人的局限被边缘化了，就如同大气在重力理论中一般。相反，人的局限是有限的观念的理论核心——它发挥的是重力的作用，而不是大气阻力的作用——而且被持无限的观念的人强调的许多要素被当作偶然事件（大气）忽略了。但是，两种观念都必须忽略现实存在的东西，而且大多数支持者也会承认这些东西实际存在，至于被忽略的东西有多普遍，或有多大影响，他们的意见可能非常不同。

那么，既然没有观念和由观念发展而来的范式能完美地符合事实，调整和修正观念以适应不一致的证据的努力，本质上并不只是自我欺骗，更不是对他人的不诚实。但是，由此而生的灰色地带能够庇护确实符合这些描述的理论解释。而且，对抛弃范式的抵抗是科学史和社会理论史的标志。可以躲避科学证据的地方简直少之又少。虽然如此，面临相反证据的科学范式通常不是因为虚无主义的不可知论而被抛弃，相反，它会被修订和复杂化，直到有另一个范式来取代它。

观念和范式存在于许多层面。卡尔·马克思和在街角进行街头演说的激进分子本来可能拥有同样的观念，但其理论的成熟程度迥然相异。任何观念的更复杂版本在某种程度上都是对对立证据的默许，如若不然，这种理念就可能轰然倒塌。这种对复杂性的普遍需要本身可以间接地防止反驳该社会理论的明确证据发挥作用。如果对这种证据没有其他可能的回应，因为它与所断言的东西有着明显矛盾，那么用以否定它的往往就是"简单化"，因为问题一定更复杂。然而，在科学中，简单的解释比在经验上不太准确的更复杂的解释要好。

尽管观念能够根据自身的内在逻辑，在对经验证据的拒斥中幸存并繁荣发展，但这样与世隔绝的教条主义对社会造成的危险是显而易见的。这与先验地宣称"真理在两者之间"一样武断和教条。事情可能是这样，也可能不是这样。在一些高度特殊的议题上，真理可能完全在一方，而在其他议题上则完全在另一方。在另外的议题上，它可能在两者之间。重点在于，不能先验地进行说明，也无法逃避提出假设并用证据检验假设这一困难的任务。这样做并不是徒劳无功的。即便是狂热者，在受到经验攻击而站不住脚时，也可能被迫放弃某个观念的一些极端观点,当然,观念收缩了的边界继续得到激烈的辩护。智力上的斗争可能是消耗战,也可能是在单个的战斗中或赢或输的战争。科学的观念,而不是社会思想的观念,更适用于单一决定性的论战。

一般而言,社会理论不断增加的复杂性,部分反映出以更纯粹的形式为它们辩护变得越来越困难。迅速增加的经验数据,甚至是更加成熟的分析方式,可能不能对两种伟大的对立的观念的任何一种予以致命一击。这两种观念已经支配了过去两个世纪,但双方都已做出了一些重要的战略让步。没有一种观念有信心保有无可争议的真理,两种观念18世纪的支持者们展示了这一点。承认我们在应对观念的冲突,就是一种进步。

观念和价值观

有限的和无限的观念从根本上说都是因果关系的观念。由此推演下去,它们才涉及道德原则的冲突或者社会价值观的不同等级。我们需要清晰地展示我们的"价值前提"——这种被大肆强调的必要性在这场争论中无关紧要。然而,对于拥有一致的道德价值观和社会偏好的思想家们来说,如果他们初始的现实感和因果关系感——他们的观念——是不同的，就一定会得出相反的结论。

同卵双胞胎，生来就以相同的优先次序崇尚相同的道德品质，如果在前进的路途中，一个以有限的观念看待人的特性和社会因果关系，而另一个以无限的观念看待，那么，他们必然会得出不一样的结论。寻找同样目的地的旅行者，如果一个人相信目的地在东边，而另一个人相信目的地在西边，他们就一定会向着相反的方向走。同理，那些寻求"最大多数人的最大的善"（或者任何其他类似的普遍道德准则）的人一定会赞同相反类型的社会，如果假定相反类型的人居住在这些社会，并衍生出相反类型的社会因果关系的话。事物在作用于任何给定的目的之前，必须首先发挥作用，它将要发挥的作用，取决于所涉实体的本质和它们的因果关系。

在这个意义上，物理科学和对社会现象的分析都始于观念。正是物理科学通过系统的实验筛选出相互冲突的观点的能力，标志着这两个领域的知识模式之间的主要区别。然而，科学领域解决观念的冲突的能力并不意味着科学家们拥有同样的"价值前提"，而意味着"价值前提"既不需要也不足以解释观念的冲突或其解决方案。

拥有同样道德价值的人们容易得出不同的政治结论。虔诚的宗教信仰者能在社会和政治议题上分属相反的阵营，如果他们以不同的术语从世俗或宗教因果关系的角度认识这些议题的话。哲学上的唯物主义者也是如此，比如霍布斯和霍尔巴赫，或者其他各种信条的信奉者。有时，一个特定的信条暗示着一套特定的社会、经济和政治结论——比如，马克思主义——那是因为该信条意味着一种特定的因果观念，而不仅仅意味着一个特定的道德前提。

为信念贴上"价值前提"的标签，很容易成为结论用以避免与证据或逻辑对抗的另一种手段。有人说，把对"言论自由"的偏好置于"财产权"之上，只不过是一种"价值前提"。这种说法就是在否认这种偏好建立在对事实或因果关系的特定信念上，就好像它只是一种不明所以的偏爱，就像喜欢李子而不是橘子那样。如果这种偏好确实来自言论自由和财产权各自给社会带来的好处的大小，或社会中较不幸运的成员被帮助的程度，或因这两种类型的权利而变得更易受伤害的程度的话，这种偏好就不单单是一种不明所以的"价值前提"了。

在倾向于帮助许多人而不是少数人，保护易受伤害的人而不是保护能够自保的人的情况下，如果一个人对社会因果关系的看法使得财产权极端偏向于无产者，那么他就会倾向于放弃言论自由而不是财产权（比如，哈耶克[16]）。恰恰是关于社会因果关系的特定信念的正确与否需要仔细研究——这种研究被"价值前提"这一措辞武断地禁止了。（具有讽刺意味的是,"价值前提"是一种对结论的财产权,不能被证据或逻辑所侵犯。)

在同一个社会中,对立观念的持续存在与个人观念的重大改变形成对照。大量的人,包括著名的知识分子,先接受了马克思主义,后来又放弃了马克思主义,就是一个突出的例子。接受或放弃各种宗教或世俗信仰的人也是如此。这些都表明,虽然改变观念的心理成本可能很高,但并没有被禁止——特别是如果改变是渐进的,而不是像"通往大马士革之路"那样。

有人认为,无论是转向支持还是放弃马克思主义,一个人对资本主义和共产主义的运行后果的事实认知并没有发生改变,发生改变的是对两者的道德评价。但这种看法很难解释为什么有那么多人在20世纪30年代的大萧条期间转向支持马克思主义,为什么有那么多人在1939年的《苏德互不侵犯条约》或者1956年的匈牙利人起义之后转而放弃马克思主义。基础道德价值观的重新排序是如此突然,并且在整个西方世界的许多人身上同时发生,这似乎令人难以置信。

这样的转变往往与观念的转变相一致,而不是与价值观的转变相一致。资本主义国家和共产主义国家的这些案例带来的是关于每个社会制度的新的、大量的、紧迫的事实信息——不一定是结论性证据,但一定是足以使许多人重新考虑的痛苦事实。惊人的新信息所带来的巨大冲击可能会动摇或打破个人观念，但其本身并不能重新调整道德价值观。大规模的失业、饥饿、滥杀无辜、对人类精神的刻意贬低或挑衅式地发动战争，都会激发出与以往相同的恐怖感。发生改变的是对谁或什么在做这件事以及为什么做这件事的看法。

有组织、有系统的宣传，尤其是在极权主义国家，精准聚焦于作为信仰的支点的事实和因果关系上。同样，在宗教权威对思想施加压迫性控制的地方和时代，哥白尼和伽利略之类的人就成了靶子，不是因为他们提供了另一种价值体系，而是因为他们对事实和因果关系提出了另一种看法。现有的价值观看上去受到了威胁，只不过因为它们所基于的观念受到了威胁，而不是因为哥白尼或伽利略在宣传另一种价值观。

价值观是极其重要的。但是，这里的问题是它们是出现在观念之前还是之后。价值观往往源于观念而不是观念源于价值观。这一结论不仅针对这个具体问题，它还体现在对整个社会拥有控制权的人的实际行为中，无论这些权威是世俗的还是宗教的。

如果有大量个人发现突然或渐进地改变自己的观念是可能的，那么如此尖锐对立的观念是如何在整个社会中持续几个世纪的？只要观念既是现实的简化投影，又受到事实的检验驳斥，那么所有的观念都一定会遇到与它们简化的前提相反的事实。这意味着所有的观念必须发展出智力和精神手段去应对矛盾，任何观念的转向日后也必然要面对来自备选观念的反对。因此，整个社会瞬间的转向似乎非常不可能——而且一旦转向的过程变得冗长，单是个人的死亡就足以保证许多转换永远不会完成，新的个人必须从头开始，重新经历观念的认同和怀疑的过程。

然而，在物理科学中，在受控的实验条件下保存决定性证据和科学分析的逻辑论证方法，意味着从一种观点到另一种观点的转向可能是突然和不可逆的，不仅对特定的个人来说如此，对未来的个人乃至对整个社会来说也是如此。没有人需要在自己的脑海中重演托勒密的天文学观念让位于哥白尼、伽利略或爱因斯坦的观念这个旷日持久的过程。

虽然书籍同样保存了社会、政治和经济事件与理论的记录，但由于缺乏对照实验、决定性证据和分析证据的决定性技术，这些记录本身就成为观念的冲突的战场。关于希特勒的崛起或罗马帝国的衰落和灭亡的原因，仍然争议不断。

观念和利益

有限的和无限的观念的信奉者长期以来都承认，特殊利益和诡辩是日常政治的重要因素，在这些政治斗争中所说的话与真理没有必然联系，甚至与任何人认为的真理也没有必然联系。

根据亚当·斯密的观点，商人是一个常常想要"欺骗甚至压迫公众"的阶级，因而他们所说的一切都应该"经过长期细致的检查，不仅要用最一丝不苟的态度，还要用最怀疑的目光"。[17] 他警告说，要防备一般而言的"局部利益的叫嚣"[18]，具体来说是"商人和制造商的颐指气使和强词夺理"[19]。在政治宣传中，斯密认为"教授它的人绝不像相信它的人那样傻"。[20] 现代有限的观念的思想家也持有类似观点，比如弗里德曼或者哈耶克。[21] 它同样是无限的观念的传统的一部分，可以回溯到葛德文，并进而延及萧伯纳、加尔布雷思或者其他 20 世纪的思想家。[22]

特殊利益和观念——有限的或者无限的——之间的关系可以被理解为一个问题，即是否：（1）存在直接的腐败；（2）存在阶级偏见；（3）存在案例表明特定观念对特定利益具有吸引力。直接的腐败可以源于贿赂、经济私利或发号施令的野心，而与人们对事实或因果关系的实际看法无关。尽管这样的解释有时候会被归于卡尔·马克思，但它们更接近查尔斯·A. 比尔德（Charles A. Beard）的理论，他认为美国宪法是由特殊利益塑造的。马克思的理论认为，阶级偏见会扭曲思想家对现实的认知,当思想家借鉴不同的阶级经验时,他真诚持有的信念在内容上是相反和对立的。上述三个论断中最弱的是,无论观念是如何产生的,只要特殊利益集团认为它们有用,就会将其推向市场。

首先考察对观念最有力的解释——特殊利益,几乎没有证据表明有限或无限的传统中的主要人物会从所倡导的观点中获得个人利益,而有大量证据证明了相反的观点。

整个无限观念的传统,以及它对平等的强调,都是由那些在经济上和地位上因他们所主张的平等而受到损失的人领导的。有些人经济条件一般,但几乎总是高于各自社会的平均水平,还有些人则相当富有,比如孔多塞或霍尔巴赫。有限的观念的主要倡导者所倡导的政策同样几乎没有促进他们的个人利益。倡导国内和国际自由贸易的亚当·斯密是一个海关官员的儿子,根本没有从事过任何贸易,他本质上是一个学者——一种他严厉批评过的职业。[23] 从亚当·斯密时代到两个世纪后的米尔顿·弗里德曼或 F. A. 哈耶克,自由放任政策的著名倡导者中没有一个曾是商人。柏克的《法国革命论》所代表的观点使他失去了一生的政治联盟和友谊,尽管它最终为他带来了皇室的青睐,鉴于他已在议会中反对皇室利益多年,这几乎不是他可以指望的事情。

虽然同时也是政治实践者的政治思想家可能会被认为动

机不纯，他们的动机可能是意识形态的，也可能是追名逐利的，但几个世纪以来，逐渐增加的专业性使作为实践者的政治理论家几乎和作为商人的理论家一样罕见。在18世纪柏克和联邦党人大放异彩之时，同时是著名的政治人物的著名的社会理论家比在后来的时代更常见。但是，约翰·斯图亚特·密尔在19世纪的短暂议会生涯或约瑟夫·熊彼特在20世纪的短暂商业生涯都是特例[24]，对他们自身的思想变化没有什么意义，更不用说对一般的观念的影响了。

不太极端的说法是，观念代表了阶级立场的偏向，这一点也不易得到证据的支持。持有限的观念的人的阶级地位并不是一致地高于或低于持无限的观念的人，而在拥有类似观点的任何一方中，阶级地位的差异都是相当大的。

就社会出身而言，与弗里德里希·哈耶克或者詹姆斯·麦迪逊相比，米尔顿·弗里德曼和托马斯·潘恩更加类似。尽管孔多塞和霍尔巴赫是贵族，但是，他们的哲学同道潘恩和葛德文却知道什么是为生计而挣扎。在个人层面上，理念的阶级解释完全失败，然而把对社会政策的看法追溯到对人性的假定，则体现出了值得注意的、持续的一致性。

对意识形态取向的众多其他社会学解释，不必全部先验地加以拒绝，也没有必要在这里讨论它们的具体内容。要"解释"那些持有特定观念的人的社会构成——无论这些解释正确与否——就只需要断言，这些人在他们持有的观念中并不是随机分布的，就像他们在体育、宗教或其他1000种人类活动中也不是随机分布一样。这一切都不否认阶级偏见的存在，也没有否认它在政治斗争中发挥着强大的作用。问题在于，这种影响力是否要通过掌控那些塑造社会观念的人来达成。阶级偏见，在它存在的地方，会利用可以合理化的观念来发挥作用，这一点几乎没有人否认。但这与观念的起源或有效性无关。

观念对于想要倡导某项特殊利益的人来说是有用的，因为它有助于招募没有这项特殊利益的政治盟友——他们可能会被社会观念产生的原则或言辞所征服。简言之，将观念作为招募政治盟友的手段，证明了特殊利益本身的吸引力有限，而观念则具有独立的力量。这两种力量在短期内的相对比重并不是问题所在。无论特殊利益在某一时期如何占主导地位，一代人的特殊利益不一定与下一代人的特殊利益相同，而有限的和无限的观念在几个世纪里一直都通行于世。

总结和结论

最后的总结和结论必须总结的不仅是本章，还包括整本书，我们需要从中获得一些启示。特定的政治和社会争论不定期的爆发的背后是关于世界、人类以及因果关系的信念的模式的差异。这些隐含的假定或观念在智力的所有层面，在广泛的议题范围内，跨越了法律、经济、政体、社会的边界乃至国界，反复地将争论者划分开来。尽管这些争议常常带有情绪，但对立的观点倾向于聚集在观念的逻辑的周围，而不是情绪的周围。每一种观念都倾向于产生结论，而这些结论是其假设的逻辑结果。这就是为什么在这么多本来不相关的问题上，观念的冲突会如此反复地出现。这里的分析不是为了调和各种观念或确定它们的有效性，而是为了理解它们是关于什么的，以及它们在政治、经济和社会斗争中发挥什么作用。问题不在于具体什么政策或社会制度是最好的，而在于人们倡导一种而不是另一种政策或社会制度时隐含的假设是什么。

无论一个人持有什么观念，他都很容易误解其他的观念——不仅是因为论战产生的夸张表述，还因为所使用的词汇（"平等""自由""正义""权力"）在不同的预设背景下意味着完全不同的东西。除了误解，每种观念的内在逻辑也会导致这些语义差异，使人们在广泛的问题上得出实质不同的结论。除了在争论过程中产生的误解、敌意或不妥协之外，两种观念在本质上就是冲突的。

有限的和无限的观念最终都关注社会结果。无限的观念寻求直接去实现那些社会结果——通过集体决定，规定想要的结果。有限的观念认为，任何可管理的决策者集合，都没有能力整理必要的知识，即使有可能集中足够的力量来执行他们的决定，这样做也是危险的。

无限的观念允许直接规定结果，其基本的概念是根据结果来表达的。因此，自由的程度就是一个人能够实现他所希望获得的东西的程度，而不考虑完全实现它的障碍是政府有意强加的限制，还是缺少偶然的前提条件。同样，正义也是一个结果的问题，一个社会的正义与否能够由结果直接决定，无论这些结果是来自有意识的决定、社会态度，还是从过去继承而来的环境。权力同样是由结果界定的：如果A能够使B去做A想要完成的事，A对B就有权力，不管A对B的诱导是积极的（奖励）还是消极的（惩罚）。平等也是一种结果，平等或不平等的程度是一种可直接观察到的事实。

在有限的观念的假定下，所有这些基本的术语的定义方式完全不同。由于同样的术语含义非常不同，持有不同观念的人经常互相争论，即使他们接受同样的逻辑规则，利用同样的数据。在有限的观念中，人不能直接创造社会结果，而只能创造社会程序，自由、正义、权力和平等作为这些程序的特征，具有重要意义。社会程序只要不干预个人的选择，我们就说它拥有自由，无论环境为个人提供多少选择。只要社会程序的规则是正义的，它就是正义的，无论这些规则的应用会产生什么样的结果。个人或者机构在社会程序中施加多大的权力，就会在多大程度上导致某个人的选择变少，但提供交换条件来使某个人的选择增加并不算施加权力。平等作为一个程序性特征，意味着对所有人适用相同的规则，而不考虑个人的先决条件和随后的结果。结果是重要的——它们为程序提供最终的正当性——但人只能衡量特定程序（竞争性市场、宪政）的一般有效性，而不是孤立地衡量每个单独的结果。

两种观念之间的冲突并不在于我们实际（或想要）在多大程度上拥有自由、正义、权力或平等，也不在于它们只有程度的大小而不存在绝对的自由、正义、权力或平等，而在于自由、正义、权力或平等由什么构成，无论它们的程度如何。此外，这两种观念之间的关系不仅反映了它们逻辑上的差异，也反映了在特定时间内一种或另一种观念的历史地位的升降。由于双方所使用的一些关键概念最初主要是在有限的观念中定义的，持无限的观念的人不得不用"真正的"自由或"真正的"平等将自己的概念与前者仅仅是"形式上的"自由或平等区分开来。然而，后来无限的观念占了上风，迫使持有限的观念的人奋起反击，重新建立比从前更严格的定义，作为程序的特征。

除了上述这两种观念之间变化的不对称的关系，还有一种持久的不对称关系是基于它们如何看待作为对手的彼此。每一方都认为对方是错误的，但是"错误"的原因不同。在无限的观念中，人能够充分掌控社会的复杂性，能直接运用共同利益的逻辑和道德，受过高等教育的人和有头脑的人如若断然反对旨在实现这种共同利益的政策，要么是出于智力上的困惑，要么是出于道德上的愤怒，或者两者皆有。暗示对方拥有恶意、贪婪或者其他道德或智力的缺陷，在无限的观念对有限的观念的批评中要比反过来更加普遍。

在有限的观念中，个人直接做出社会决策的能力相当有限，那些尝试这样做的人会失败也就不那么令人惊讶了——因此也就更没有必要认为"错误的"对手在道德或智力上不如他人。持有限的观念的人倾向于说对手好心办坏事，或者他们的假设不切实际，很少有人说他们是在故意破坏公共利益，或者是太愚蠢而没有认识到这一点。人格差异并不会打破双方的这种模式——与哈耶克相比，柏克对对手更不宽容；与孔多塞相比，萧伯纳更少去指责别人——这种模式自身已持续了几个世纪。

马尔萨斯说："我不怀疑像葛德文和孔多塞那样的人的天赋。我不愿意怀疑他们的直率。"[25] 但是，当葛德文写到马尔萨斯的时候，则称他"怀有恶意"[26]，质疑他作为"人的仁慈"[27],说"我表示难以想象这种人生在哪个地球上"[28],并暗示马尔萨斯被任命为东印度学院(East India College)的教授是他为特权阶级辩护而得到的回报。[29]在20世纪,弗里德里希·哈耶克里程碑式的著作《通往奴役之路》使他对许多人来说成为一名道德上的麻风病人[30],尽管在那本书中,他对他的对手极其宽容,把他们归纳为"思维单一的理想主义者"[31],认为他们"作为作者的真诚和公正无私是毋庸怀疑的"。[32]类似例子还有无数个。重点在于,这些差异反映的不仅仅是个性上的差异,它们本身就是由这两种观念的基本假设所形成的持久模式的一部分。两种观念的差异不仅仅在于它们如何看待它们之间的差异,也在于它们如何看待普通个人和更智慧、更道德的人之间的差异。在无限的观念中,人的智力和道德潜能大大超出了当前在普通人群中可观察到的水平,不同的人,智力和道德表现差异很大,不像在有限的观念中,不同个人的智力和道德表现差异很小。持有限的观念的人承认,巨大的道德和智力差异确实存在,但他们认为这些差异要么过于特殊,无法形成社会政策的基础,要么只局限于人类关注的广泛领域中的一小部分。考虑到人类天生的局限性,非凡的人(道德上或智力上)只是在一些非常有限的领域内是非凡的,在其他地方可能有严重欠缺,也可能存在盲点,妨碍他看到对普通人来说清晰可见的一些东西。

道德-智力精英和大众之间的差异是至关重要的，特别是在现代，它导致了两种观念对于代理决策人（无论是政治家、法官还是各种各样的机构和委员会）能在多大程度上行使权力的看法的差异。两种观念都试图使自由裁量权的归属与知识的归属完全一致，但他们对知识的概念截然不同，从而导致了关于自由裁量权应归属何处的相反结论。

对那些持无限的观念的人来说，他们认为知识和理性集中在那些最接近人类终极潜能的人及代理决策者身上，所以经济"计划"、司法能动主义等是必不可少的。这些代理决策者必须尝试事先影响和事后修正那些在知识或道德方面不够完善的人所做的决定。然而，对于持有限的观念的人来说，与通过经济市场、传统价值观和其他社会程序系统调动的知识相比，每个人的知识都是微不足道的，因此，一般的代理决策者，特别是非选举产生的法官，应该严格限制自己制定有关他人自由裁量权界限的规则，而不是在事后评判那些在界限内做出的决定。在有限的观念中，自由裁量权的归属应该尽可能地分散，由此产生的不可避免的错误应作为一种权衡被接受，并不存在任何可能的解决方案。

观念的冲突不仅影响到经济规划与自由放任，或司法能动主义与司法克制主义（judicial restraint）这种宏大和持久的问题，还影响到第三世界发展的最有效模式、"平权行动"

或"可比价值"等新问题。在上述每一项争议中,一种观念的假设在逻辑上导致了与另一种观念相反的结论。所有这些问题最终都取决于代理决策者是否或在多大程度上能比直接进行交易的人做出更好的决定。即使对"价值前提",也就是什么是理想的结果的看法完全一致,对特定政策的有效性的不同看法,也会使持有不同观念的人陷入激烈的冲突。

观念有助于解释意识形态上的差异,当然意识形态的差异仅仅是政治差异的一个源泉。然而,从长期看,这些意识形态的冲突似乎塑造了政治趋势的总体走向,就如同"实际的"政治考量支配了日常事件一样。各个时代的意识形态预设在很大的程度上设定了限制和议程,而它们又决定了对务实的政治家来说什么是可行的、现实的或紧迫的。

意识形态可能是强有力的,却并不是万能的。无法回避的残酷事实——20世纪30年代的大萧条、1939年的《苏德互不侵犯条约》——已使许多人急切地支持或者放弃一种意识形态。即使没有发生这样的灾难性事件,逻辑和证据的规则也在历史上导致许多人突然或逐渐改变意识形态立场。此外,即使在意识形态偏见持续存在的情况下,存在这种偏见的人的经验或逻辑活动也不一定会受到(经验或逻辑标准的)影响。当然,无论用来描述调查结果的语义如何,都会暴露出分析者的意识形态倾向。[33]不过对于其他人来说,意识形态可能完全压倒了证据。

情感和价值判断是重要的,但也是派生而来的。对于持无限的观念的人来说,将言论自由置于财产权之上是合乎逻辑的,但持有限的观念的人会激烈地反对这一点,就像在许多其他问题上一样。

尽管不是所有的社会理论都可以被清晰地划分到有限的和无限的观念中,值得注意的是过去两个多世纪以来的许多主要理论都属于这两个类别之一。个人的和风格的差异,主题、重点和程度的差异,所有这些都叠加在这种二分法之上,但这种二分法本身依然清晰可见。

当然,逻辑不是对理论的唯一检验。经验证据在学理上是至关重要的,然而在历史上,社会观念已展现出一种非凡的能力,可以回避、压制或解释不一致的证据,其程度是科学理论无法比拟的。然而,对于个人来说,观念的改变并不罕见,灾难性的历史事件造就了许多"通往大马士革之路"的转向。法西斯主义这种曾被吹捧为"未来之浪潮"的混合观念,已经被第二次世界大战的经验所摧毁。

简言之,对观念来说证据并不是完全无关紧要的,甚至在历史上也是如此——当然,它在逻辑上是至关重要的。对证据的历史性回避是一个警告,而不是一种模型。一个人对其他问题的不同意见,往往成了他在当前问题上不被认真对待的充分理由（"你怎么能相信一个说过……的人呢？"）。总之，与我相反的观念对一系列问题持一致的看法（就像我对这一系列问题持一致的相反观点一样），这一事实就成了断然拒绝它的理由。当这些差异被归因为"价值前提"的差异时，情况尤其如此，因此对方会被认为正在朝着相反的道德目标努力。

强调观念的逻辑性，绝不是要否认一些人被特定观念吸引是出于情感和心理因素，或是出于狭隘的私利。问题是，一种观念的有效性和后果都不能通过检查这些因素来确定——观念有其自身的逻辑和动力，超越了其支持者在特定时刻的情感或意图。此外，随着观念的后果的逐渐显现，那些后来被特定观念吸引的人可能与最初被吸引的人截然不同，而且被吸引的原因也截然不同。[34]

尽管观念有冲突，并在冲突过程中激起了强烈的情感，但仅仅"获胜"并不是有限的和无限的观念的最终目标，当然这一目标可能在很大程度上迷惑住务实的政治家。不能为了胜利而抛弃驱动每一种观念的道德冲动，否则胜利就会失去意义。尽管从一种观念到另一种观念的转向可能是由经验证据引起的，但该证据与实现某些道德理想目标的前景的相关性通常才是决定性的。

对观念的含义和动力的分析可以澄清问题，而不会减少一个人为自身观念做出的奉献，即使它仅被理解为一种观念，而不是一个无可争议的事实、一条铁律或一个隐晦的道德律令。投身于一项事业可能需要合理地牺牲个人利益，但不需要牺牲理智或良心。

注 释

本书的题词源自伯特兰·罗素的《怀疑论集》(纽约：诺顿出版社，1938年版)，第28页。

第1章 观念的作用

1. Joseph A. Schumpeter, *History of Economic Analysis* (New York: Oxford University Press,1954), p.41.
2. Vilfred Pareto, *Manual of Political Economy* (New York: Augustus M. Kelley, 1971), p. 22.

第2章 有限的观念和无限的观念

1. Walter Lippmann, *Public Opinion* (New York: The Free Press, 1965), p. 80.
2. Adam Smith, *The Theory of Moral Sentiments* (Indianapolis: Liberty Classics, 1976), pp. 233-234.
3. Ibid., p. 238.
4. Ibid., p. 108.
5. Edmund Burke, *The Correspondence of Edmund Burke* (Chicago: University of Chicago Press, 1967), Vol. VI, p. 48.

6. Alexander Hamilton, *Selected Writings and Speeches of Alexander Hamilton*, ed. Morton J. Frisch (Washington, D.C.: American Enterprise Institute,1985), p. 390.
7. Adam Smith, *The Theory of Moral Sentiments*, p. 235.
8. Ibid., p. 234.
9. Ibid., p. 235.
10. Adam Smith, *An Inquiry into the Nature and Causes of the Wealth of Nations* (New York: Modern Library,1937), p.423.
11. William Godwin, *Enquiry Concerning Political Justice* (Toronto: University of Toronto Press, 1969), Vol.I, p.156.
12. Ibid., pp. 433, 435.
13. Ibid., pp. 421-438.
14. Ibid., pp. 434-435.
15. Ibid., Vol. II, p. 122.
16. Edmund Burke, *The Correspondence of Edmund Burke*, Vol. VI, p. 392.
17. Ibid., Vol. II, p. 308.
18. Ibid., Vol. I, p. 172.
19. Ibid., p. 171.
20. Antoine-Nicolas de Condorcet, *Sketch for a Historical Picture of the Progress of the Human Mind* (Westport, Conn.: Hyperion Press, Inc., 1979), pp. 52-53.
21. Edmund Burke, *Reflections on the Revolution in France* (London: J. M. Dent & Sons, Ltd., 1967), p.60.
22. Edmund Burke, *The Correspondence of Edmund Burke*, Vol. VI,p.47. "谨慎……是做所有事的一种美德,是进行政治活动的第一美德……"。同上,第 48 页。伯克认为,谨慎的确是"第一"美德,它对其他所有美德"发号施令"。同上,第 7 卷,第 220 页。
23. William Godwin, *Enquiry Concerning Political Justice*, Vol. I,p.438.
24. Quoted in Keith Michael Baker, *Condorcet: From Natural Philosophy to Social Mathematics* (Chicago: University of Chicago Press, 1975), p. 217.
25. William Godwin, *Enquiry Concerning Political Justice*, Vol. I, p. 448.

26. Ibid., p. 451.
27. Ibid., Vol. II, p. 193.
28. Ibid., p. 211.
29. Ibid., p. 313.
30. Antoine-Nicolas de Condorcet, *Sketch for a Historical Picture of the Progress of the Human Mind*, p. 4.
31. Ibid., pp. 49, 65, 99, 117, 150, 169, 175, 193.
32. Ibid., p. 185.
33. Ibid., p. 184.
34. Ibid., p. 133.
35. Ibid., p. 200.
36. Robert A. Dahl and Charles E. Lindblom, *Politics, Economics and Welfare* (Chicago: University of Chicago Press, 1967), p. 522.
37. Antoine-Nicolas de Condorcet, *Sketch for a Historical Picture of the Progress of the Human Mind*, p.192.
38. William Godwin, *Enquiry Concerning Political Justice*, Vol. I, pp.156, 433.
39. Ibid., p. 152.
40. Ibid.
41. Adam Smith, *The Wealth of Nations*, p.423.
42. Ibid., p. 460.
43. Ibid., p. 128.
44. Ibid., pp. 98, 128, 249-250, 429, 460, 537.
45. William Godwin, *Enquiry Concerning Political Justice*, Vol. II, p.129n.
46. John Stuart Mill, "Utilitarianism," *Collected Works* (Toronto: University of Toronto Press, 1969), Vol. X, p. 215. 这将会在后面第 3 章和第 5 章关于密尔的讨论中加以阐释。
47. 然而，密尔做出明确主张的模式，其基础是一套来自扩展到经济学说的另一个思想体系的前提和破坏性附加条件。参见，例如，Thomas Sowell, *Classical Economics Reconsidered* (Princeton: Princeton University Press, 1974), pp. 95-97; idem. *Say's Law* (Princeton: Princeton

University Press, 1972), pp. 143-154.
48. Harold J. Laski, "Political Thought: Locke to Bentham," *The Burke-Paine Controversy: Texts and Criticisms* (New York: Harcourt, Brace and World, Inc.,1963), p. 144.
49. Thomas Robert Malthus, *Population: The First Essay* (Ann Arbor: University of Michigan Press, 1959), p.67.
50. William Godwin, *Of Population* (New York: Augustus M. Kelley, 1964), p. 554.
51. Edmund Burke, "Thoughts on the Cause of the Present Discontent," *Burke's Politics: Selected Writings and Speeches of Edmund Burke on Reform, Revolution, and War,* eds. R. J. S. Hoffman and P. Levack (New York: Alfred A. Knopf, 1949), p. 5.
52. Thomas Hobbes, *Leviathan* (London: J. M. Dent & Sons, Ltd., 1970), p. 89.
53. William Godwin, *Of Population*, p. 480.
54. Thomas Robert Malthus, *Population: The First Essay*, p. 54.
55. 引自 Lewis Coser, *Men of Ideas* (New York: The Free Press, 1970),p. 151.
56. Alexander Hamilton et al., *The Federalist Papers* (New York: New American Library, 1961), p. 33. 在其他地方，汉密尔顿说："我们可能会在不改变单一的宗教信仰的情况下，宣扬对共和政体漠不关心的态度的必要性，直到我们对主题感到厌倦为止。" Alexander Hamilton, *Selected Writings and Speeches of Alexander Hamilton*, p. 63.
57. Alexander Hamilton et al., *The Federalist Papers*, p.322.
58. Adam Smith, *The Theory of Moral Sentiments*, p. 308.
59. Alexander Hamilton et al., *The Federalist Papers*, p.110.
60. Keith Michael Baker, ed., *Condorcet: Selected Writings* (Indianapolis: The Bobbs-Merrill Company, Inc., 1976), p. 80.
61. Ibid., p. 87.
62. Ibid., p. 157.
63. Adam Smith, The Theory of Moral Sentiments, p. 380. 相似的观点也表达在：*The Correspondence of Edmund Burke*, Vol. VII, p. 510。

64. Keith Michael Baker, ed., *Condorcet: Selected Writings*, p.80.
65. Antoine-Nicolas de Condorcet, *Sketch for a Historical Picture of the Progress of the Human Mind*, p. 147.
66. Alexander Hamilton, *Selected Writings and Speeches of Alexander Hamilton*, p. 455.
67. Thomas Jefferson, Letter of January 3, 1793, *The Portable Thomas Jefferson*, ed. Merrill D. Peterson (New York: Penguin Books, 1975), p. 465.
68. Adam Smith, *The Theory of Moral Sentiments*, p. 369.
69. Jean-Jacques Rousseau, *The Social Contract* (New York: Penguin Books, 1968), p. 49.
70. Ibid., p. 55.
71. Thomas Hobbes, *Leviathan*, pp. 64, 70, 87.
72. Ibid., p. 65.
73. Keith Michael Baker, ed., *Condorcet: Selected Writings*, p.8.
74. F. A. Hayek, *Law, Legislation and Liberty* (Chicago: University of Chicago Press, 1979), p. 168.
75. Edmund Burke, *The Correspondence of Edmund Burke*, Vol. IX, p. 449.

第3章 知识和理性的观念

1. F.A. Hayek, *The Constitution of Liberty* (Chicago: University of Chicago Press, 1960), p. 26.
2. F.A. Hayek, *Law, Legislation and Liberty* (Chicago: University of Chicago Press, 1979), Vol. III, p. 157.
3. Alexander Hamilton, *Selected Writings and Speeches of Alexander Hamilton*, ed. Morton J. Frisch (Washington, D.C.: The American Enterprise Institute, 1985), p. 222.
4. Edmund Burke, *Reflections on the Revolution in France* (New York: Everyman's Library, 1967), p. 84.
5. Ibid., p. 93.

6. Edmund Burke, *Speeches and Letters on American Affairs* (New York: E. P. Dutton and Company, Inc.,1961), p. 198.
7. Edmund Burke, *Reflections on the Revolution in France*, p.140.
8. Gerald W. Chapman, *Edmund Burke: The Practical Imagination* (Cambridge, Mass.: Harvard University Press,1967), Chapters II, VI; Isaac Kramnick, *The Rage of Edmund Burke: Portrait of an Ambivalent Conservative* (New York: Basic Books, Inc.,1977), Chapter 7; Edmund Burke, *The Correspondence of Edmund Burke*(Chicago: University of Chicago Press, 1968), Vol. VII, pp. 122-125; ibid., Vol. VIII, p. 451n.
9. Adam Smith, *An Inquiry into the Nature and Causes of the Wealth of Nations* (New York: Modern Library, 1937), pp. 553-555, 559-560, 684, 736-737, 740, 777, 794, 899-900; Adam Smith, *The Theory of Moral Sentiments* (Indianapolis: Liberty Classics, 1976), p. 337.
10. William Godwin, *Enquiry Concerning Political Justice* (Toronto: University of Toronto Press, 1969), Vol. II, p. 172.
11. Ibid., Vol. I, p. 85.
12. Keith Michael Baker, ed., *Condorcet: Selected Writings* (Indianapolis: The Bobbs-Merrill Company, Inc., 1976), p. 86.
13. Antoine-Nicolas de Condorcet, *Sketch for a Historical Picture of the Progress of the Human Mind* (Westport, Conn.: Hyperion Press, Inc., 1955), p. 11.
14. William Godwin, *Enquiry Concerning Political Justice*, Vol. II, p. 206.
15. Ibid., Vol. I, p. 34.
16. Ibid., Vol. II, p. 299.
17. Edmund Burke, *Reflections on the Revolution in France*, pp. 95-96.
18. Ibid., p. 31.
19. William Godwin, *Enquiry Concerning Political Justice*, Vol. I, p. 70.
20. Ibid., p. 82.
21. Ibid., p. 104.
22. Lewis Coser, *Men of Ideas* (New York: The Free Press, 1970), p. 232.
23. Antoine-Nicolas de Condorcet, *Sketch for a Historical Picture of the*

Progress of the Human Mind, p. 109.
24. Jean-Jacques Rousseau, *The Social Contract* (New York: Penguin Books, 1968), p. 115.
25. Lewis Coser, *Men of Ideas*, p. 231.
26. John Stuart Mill, *Collected Works* (Toronto: University of Toronto Press, 1977), Vol. XVIII, p. 86.
27. Ibid., p. 121.
28. Ibid., p. 139.
29. Ibid., Vol. XV, p. 631.
30. Ibid., Vol. XVIII, p. 86.
31. Ibid., p. 129.
32. Edmund Burke, *Reflections on the Revolution in France*, p. 76.
33. Russell Kirk, *John Randolph of Roanoke* (Indianapolis: Liberty Press, 1978), p. 57.
34. Thomas Hobbes, *Leviathan* (London: J. M. Dent & Sons, Ltd., 1970), p. 4.
35. Ibid., p. 20.
36. Edmund Burke, *Reflections on the Revolution in France*, p. 108.
37. Adam Smith, *The Theory of Moral Sentiments*, pp.380-381.
38. Ibid., p. 381.
39. F. A. Hayek, *Individualism and Economic Order* (Chicago: University of Chicago Press, 1948), p. 80.
40. [Pierre Joachim Henri Le Mercier de la Riviere], *L'Ordre Naturel et essentiel des societies politiques* (Paris: Jean Nourse, Libraire, 1767).
41. Adam Smith, *The Wealth of Nations*, p. 423.
42. William Godwin, *Enquiry Concerning Political Justice*, Vol. I, p. 66.
43. Ibid., p. 315.
44. Ibid., p. 385.
45. Ibid., Vol. II, p. 320.
46. Ibid., p. 211.
47. Antoine-Nicolas de Condorcet, *Sketch for a Historical Picture of the Progress of the Human Mind*, p. 192.

48. See, for example Thomas Sowell, "Economics and Economic Man," *The Americans: 1976*, eds.Irving Kristol and Paul Weaver (Lexington, Mass.: Lexington Books, 1976), pp. 191-209.
49. See Jacob Viner, *The Role of Providence in the Social Order* (Philadelphia: American Philosophical Society, 1972).
50. Oliver Wendell Holmes, Jr., *The Common Law* (Boston: Little, Brown and Company, 1923), p. 1.
51. *Chicago, Burlington & Quincy Railway Co. v. Babcock*, 204 U.S. 585, at 598.
52. Oliver Wendell Holmes, Jr., *Collected Legal Papers* (New York: Peter Smith, 1952), p. 26.
53. Ibid., p. 180.
54. Ibid., p. 185.
55. John Stuart Mill, *Collected Works*, Vol. XVIII, p. 41.
56. Ibid., pp. 41-42.
57. Ibid., p. 43n.
58. Ibid., pp. 42-43.
59. F. A. Hayek, Law, Legislation and Liberty, Vol. I, p. 81.
60. Ibid., p. 85.
61. Ronald Dworkin, *Taking Rights Seriously* (Cambridge, Mass.: Harvard University Press,1980), p. 147.
62. Ibid.
63. Ibid., p. 144.
64. Ibid., p. 137.
65. See, for example, Thomas Sowell, *Knowledge and Decisions* (New York: Basic Books, 1980), pp. 290-296.
66. *Louisville and Nashville Railroad Co. v. Barber Asphalt Paving Co.*, 197 U.S. 430, at 434.
67. Ibid.
68. *Baldwin et al. v. Missouri*, 281 U.S. 586, at 595.
69. *Nash v. United States*, 229 U.S. 373, at 378.

70. See, for example, Raoul Berger, *Government by Judiciary* (Cambridge, Mass.: Harvard University Press, 1977), p. 314; Thomas Paine, "The Rights of Man," *Selected Works of Tom Paine*, ed. Howard Fast (New York: The Modern Library, 1945), p. 99.
71. Alexander Bickel, *The Least Dangerous Branch* (Indianapolis: The Bobbs-Merrill Company, Inc.,1962), p. 110.
72. Chief Justice Earl Warren, *The Memoirs of Earl Warren* (New York: Doubleday and Company, Inc.,1977), p. 333.
73. Ronald Dworkin, *Taking Rights Seriously*, p. 260.
74. Ibid., p. x.
75. Ibid., p. 146.
76. Ibid., p. 239.
77. F. A. Hayek, *The Counter-Revolution of Science: Studies on the Abuses of Reason* (Indianapolis: Liberty Press, 1979), pp. 162-163.
78. Edmund Burke, *Reflections on the Revolution in France*, p. 42.
79. Adam Smith, *The Wealth of Nations*, p. 423.
80. William Godwin, *Enquiry Concerning Political Justice*, Vol. I, p. Vii.
81. Ibid., p. 304.
82. Ibid., p. 329.
83. Ibid., p. 331.
84. Ibid., p. 393.
85. Ibid., p. 331.
86. "责任是作用于个体方面的行为模式,它构成了其能力对一般利益的最佳应用。" ibid., p. 156. 另参见 ibid., pp. 159, 161-162, 197-198; ibid., Vol. II, pp. 57, 415.
87. Edmund Burke, *The Correspondence of Edmund Burke* (Chicago: University of Chicago Press, 1969), Vol. VIII, p. 138.
88. Joseph A. Schumpeter, *History of Economic Analysis* (New York: Oxford University Press, 1954), p. 43.
89. Alexander Bickel, *The Least Dangerous Branch*, p. 96.
90. Ibid., p. 14.

91. Alexander Bickel, *The Morality of Consent* (New Haven: Yale University Press, 1975), p. 30.
92. William Godwin, *Enquiry Concerning Political Justice*, Vol. II, p. 341.
93. See, for example, ibid., Vol. I, pp. xi, 302; ibid., Vol. II, pp. 112-113.
94. V. I. Lenin, "What Is To Be Done?" *Selected Works* (Moscow: Foreign Languages Publishing Office,1952), Vol. I, Part I, pp. 233, 237, 242.
95. Ibid., p. 317.
96. Alexander Hamilton et al., *The Federalist Papers* (New York: New American Library, 1961), p. 57.
97. Adam Smith, *The Theory of Moral Sentiments*, pp.243-244.
98. Ibid., p. 529.
99. Keith Michael Baker, ed., *Condorcet: Selected Writings*, pp. 5-6.
100. William Godwin, Enquiry Concerning Political Justice, Vol. I, p. 100.
101. Ibid., p. 47.
102. William Godwin, *The Enquirer: Reflections on Education, Manners, and Literature* (London: G. G. and J. Robinson, 1797), p. 70.
103. Ibid., pp. 66-72.
104. Ibid., p. 11.
105. For example, Thomas Hobbes, *Leviathan*, pp. 10, 11,22, 35, 63.
106. Edmund Burke, *Speeches and Letters on American Affairs*, p. 203.
107. Quoted in Russell Kirk, *John Randolph of Roanoke* (Indianapolis: Liberty Press, 1978), p. 442.
108. Antoine-Nicolas de Condorcet, *Sketch for a Historical Picture of the Progress of the Human Mind*, p. 180.
109. William Godwin, *Enquiry Concerning Political Justice*, Vol. I, p. 315.
110. Ibid., p. 385.
111. Edmund Burke, *Reflections on the Revolution in France*, p. 88.
112. Ibid., p. 83.
113. Edmund Burke, *The Correspondence of Edmund Burke*, Vol. VI, p. 211.
114. Alexander Hamilton, *Selected Writings and Speeches of Alexander Hamilton*, p. 343.

115. Ibid., p. 481. See also p. 74.
116. Ibid., p. 223.
117. Thomas Hobbes, Leviathan, p. 16.
118. F. A. Hayek, Law, *Legislation and Liberty*, Vol. I, p. 99.
119. F. A. Hayek, *The Constitution of Liberty*, p. 30.
120. Ibid., p. 377.
121. Thomas Hobbes, Leviathan, p. 63.
122. Ibid., p. 40. See also p. 4.
123. Ibid., p. 35.
124. Ibid., p. 23.
125. Edmund Burke, *Reflections on the Revolution in France*, pp. 84-85, 92, 104, 107, 166-167, 168.
126. Ibid., p. 200.
127. Thomas Hobbes, *Leviathan*, p. 89.
128. Alexander Hamilton, *Selected Writings and Speeches of Alexander Hamilton*, p. 392.
129. Russell Kirk, *John Randolph of Roanoke*, pp. 69-70.
130. William Godwin, *Enquiry Concerning Political Justice*, Vol. II, p. 538.
131. Keith Michael Baker, ed., *Condorcet: Selected Writings*, p. 111.

第 4 章 社会程序的观念

1. F. A. Hayek, Law, *Legislation and Liberty* (Chicago: University of Chicago Press, 1973), Vol. I, p. 19. 另参见 Richard Posner, *The Economics of Justice* (Cambridge, Mass.: Harvard University Press, 1981), pp. 44-45.
2. F. A. Hayek, *Law, Legislation and Liberty*, Vol. I, pp.74-76.
3. Edmund Burke, *Reflections on the Revolution in France* (New York: Everyman's Library, 1967), pp.19-20.
4. Ibid., p. 162.
5. Ibid., pp. 165-166.

6. F. A. Hayek, *Law, Legislation and Liberty*, Vol. III, p. 166.
7. Ibid., pp. 154-158, 165-169.
8. 例如，参见 F. A. Hayek, *The Counter-Revolution of Science* (Indianapolis: Liberty Press,1952), pp. 165-211.
9. 例如，参见 John Kenneth Galbraith, *The New Industrial State* (Boston: Houghton Mifflin Company, 1967); Thorstein Veblen, *The Theory of Business Enterprise* (New York: New American Library, 1958).
10. Hubert Humphrey in *National Planning: Right or Wrong for the U.S.?* (Washington, D.C.: American Enterprise Institute, 1976), p. 37.
11. Wassily Leontief in ibid., pp. 14-15.
12. William Godwin, *Enquiry Concerning Political Justice* (Toronto: University of Toronto Press, 1969), Vol. I, p. 297.
13. Ibid., p. 439.
14. Ibid., p. 428.
15. Bernard Shaw, *The Intelligent Woman's Guide to Socialism and Capitalism* (New York: Brentano's Publishers, 1928), p.127.
16. Ibid., p. 154.
17. G. Bernard Shaw, "Economic," *Fabian Essays in Socialism*, ed. G. Bernard Shaw (Garden City, N.Y.: Doubleday, no date), p. 113.
18. Ibid., p. 223.
19. Edward Bellamy *Looking Backward: 2000-1887* (Boston: Houghton Mifflin Company, 1926), p. 49.
20. Ibid., p. 56.
21. Ibid., p. 58.
22. Ibid., p. 104.
23. Ibid., p. 141.
24. Ibid., p. 91.
25. Ibid., pp. 100, 227-229, 315.
26. Ibid., pp. 13, 49.
27. Ibid., pp. 56, 231, 315, 329.
28. Ibid., pp. 58, 140-145, 181-185.

29. Robert A. Dahl and Charles E. Lindblom, *Politics, Economics and Welfare* (Chicago: University of Chicago Press, 1967), p.73.
30. Ibid., pp. 387-388.
31. Ibid., p. 401.
32. Ibid., p. 79.
33. Antoine-Nicolas de Condorcet, *Sketch for a Historical Picture of the Progress of the Human Mind* (Westport, Conn.: Hyperion Press, Inc., 1955), p. 164.
34. Ibid., p. 68.
35. Ibid., pp. 162, 181, 190.
36. John Kenneth Galbraith, *The Affluent Society* (Boston: Houghton Mifflin Company,1958), Chapter II.
37. William Godwin, *Enquiry Concerning Political Justice*, Vol. I, p. 245.
38. Ibid., p. 191.
39. Ibid., pp. 198-199.
40. Ibid., Vol. II, p. 264.
41. Ibid., Vol. I, p. 199.
42. Ibid., pp. 128-129.
43. Ibid., pp.129,131,173,202,214,249,264; ibid., Vol. II, pp. 264, 351, 507-514.
44. Ibid., Vol. I, p. 215.
45. Ibid., Vol. II, pp. 351-352.
46. Edmund Burke, *Reflections on the Revolution in France*, p. 83.
47. See, for example, F. A. Hayek, *The Counter-Revolution of Science: Studies on the Abuse of Reason* (Indianapolis: Liberty Press, 1979), passim.
48. Edmund Burke, *Reflections on the Revolution in France*, p. 58.
49. Ibid., p. 52.
50. Ibid., pp. 92-93.
51. F. A. Hayek, *Law, Legislation and Liberty*, Vol. I, p. 87.
52. Cited in Ronald Dworkin, *Taking Rights Seriously* (Cambridge, Mass.: Harvard University Press,1980), p. 24.

53. Adam Smith, *The Theory of Moral Sentiments* (Indianapolis: Liberty Classics, 1976), p. 369.
54. F. A. Hayek, *Law, Legislation and Liberty*, Vol. I, p. 11.
55. Ibid., p. 12.
56. Ibid., p. 13.
57. Ibid., p. 14.
58. Ibid.
59. Edmund Burke, *Reflections on the Revolution in France*, p. 42.
60. Alexander Hamilton, *Selected Writings and Speeches of Alexander Hamilton*, ed. Morton J. Frisch (Washington, D.C.: American Enterprise Institute,1985), p. 457.
61. F. A. Hayek, *Law, Legislation and Liberty*, Vol. I, p. 21.
62. Edmund Burke, *Reflections on the Revolution in France*, p. 93.
63. P. T. Bauer, *Reality and Rhetoric: Studies in the Economics of Development* (Cambridge, Mass.: Harvard University Press, 1984), p. 5.
64. Edmund Burke, *Reflections on the Revolution in France*, p. 44. See also p. 193.
65. Alexander Hamilton, *Selected Writings and Speeches of Alexander Hamilton*, p. 234.
66. William Godwin, *Enquiry Concerning Political Justice*, Vol. I, p. 296.
67. Ibid., Vol. II, pp. 146-147.
68. Adam Smith, *The Theory of Moral Sentiments*, p. 375.
69. Alexander Hamilton, *Selected Writings and Speeches of Alexander Hamilton*, p. 227.
70. John Maynard Keynes, *The General Theory of Employment, Interest and Money* (New York: Harcourt, Brace and Company, 1965), pp. 84, 210-212.
71. Thomas Sowell, *Knowledge and Decisions* (New York: Basic Books, Inc., 1980), pp. 127-128.
72. John Bartlett, *Bartlett's Familiar Quotations* (Boston: Little, Brown and Company, 1968), p. 802.

73. Robert A. Dahl and Charles E. Lindblom, *Politics, Economics and Welfare*, p. 49.
74. Ibid., p. 425.
75. Ibid., p. 518.
76. Thomas Hobbes, *Leviathan* (London: J. M. Dent & Sons, Ltd., 1970), p. 82.
77. William Godwin, *Enquiry Concerning Political Justice*, Vol. II, p. 404.
78. Ibid., p. 324.
79. Thomas Hobbes, *Leviathan*, p. 110.
80. Friedrich A. Hayek, *The Road to Serfdom* (Chicago University of Chicago Press, 1972), pp. 25-26.
81. Ramsey Clark, *Crime in America* (New York: Simon and Schuster, 1970), p. 60.
82. Robert A. Dahl and Charles E. Lindblom, *Politics, Economics and Welfare*, p. 518.
83. Cited in Friedrich A. Hayek, *The Road to Serfdom*, p. 26n.

第 5 章 观念的种类和动力

1. William Godwin, *Enquiry Concerning Political Justice*, (Toronto: University of Toronto Press, 1969), Vol. II, pp. 516-518; Antoine-Nicolas de Condorcet, *Sketch for a Historical Picture of the Progress of the Human Mind* (Westport, Conn.: Hyperion Press, Inc., 1955), pp. 188-189.
2. See, for example, Milton Friedman, *Capitalism and Freedom* (Chicago: University of Chicago Press, 1962), pp. 133-136.
3. William Godwin, *Enquiry Concerning Political Justice*, Vol. I, pp. xviii, 255, 257, 301, 302.
4. G. Bernard Shaw, "Transition," in *Fabian Essays in Socialism*, ed. G. Bernard Shaw (Garden City, N.Y.: Doubleday, no date), pp. 224-225.
5. John Rawls, *A Theory of Justice* (Cambridge, Mass.: Harvard University Press, 1971), pp. 12, 17-22.

6. Adam Smith, *The Theory of Moral Sentiments* (Indianapolis: Liberty Classics, 1976), pp. 161-162, 211, 228-229, 247, 352, 370-371, 422.
7. See Thomas Sowell, *Marxism: Philosophy and Economics* (New York: William Morrow, 1985), pp. 55-59, 75-79.
8. Karl Marx and Frederick Engels, *Selected Correspondence*, translated by Dona Torr (New York: International Publishers, 1942), p. 58.
9. Karl Marx and Friedrich Engels, *Basic Writings on Politics and Philosophy*, ed. Lewis S. Feuer (New York: Anchor Books, 1959), p. 119.
10. Ibid., p. 109.
11. Ibid., p. 399.
12. For example, Karl Marx, *Capital* (Chicago: Charles H. Kerr and Company, 1906), Vol. I, p. 15; Friedrich Engels, "Ludwig Feuerbach and the End of Classical German Philosophy," in Karl Marx and Friedrich Engels, *Basic Writings on Politics and Philosophy*, p. 230; Karl Marx and Frederick Engels, *Selected Correspondence*, p. 476.
13. Karl Marx, "Wage Labour and Capital," Karl Marx and Frederick Engels, *Selected Works* (Moscow: Foreign Languages Publishing House, 1955), Vol. I, pp. 99-101.
14. Karl Marx, *Theories of Surplus Value* (New York: International Publishers, 1952), p. 380.
15. Karl Marx, "The Eighteenth Brumaire of Louis Bonaparte," in Karl Marx and Frederick Engels, *Selected Works*, Vol. I, p. 288.
16. Frederick Engels, *Herr Eugen Duhring's Revolution in Science* (New York: International Publishers, 1939), p. 200; Karl Marx and Frederick Engels, *Selected Works*, Vol. II, p. 199n.
17. Frederick Engels, *Herr Eugen Duhring's Revolution in Science*, p. 306.
18. Karl Marx and Frederick Engels, *The German Ideology* (New York: International Publishers, 1947), p. 74.
19. K. Marx and F. Engels, *The Holy Family* (Moscow: Foreign Languages Publishing House, 1956), p. 227.
20. Karl Marx, *Capital*, Vol. I, p. 836.

21. Ibid., p. 297.
22. See Thomas Sowell, *Marxism: Philosophy and Economics* (New York: William Morrow, 1985),Chapter 4.
23. See John Stuart Mill, *Collected Works* (Toronto: University of Toronto Press, 1969), Vol. X, pp. 86-87.
24. 用密尔的话说:"边沁的世界观是每个人追求各自不同的兴趣或者乐趣的集合。" Ibid., p. 97.
25. Jeremy Bentham, *The Principles of Morals and Legislation* (New York: Hafner Publishing Company, 1948), p. 70.
26. 斯塔克注意到了"他的思想的极端条理性及其思维程序的严格的纪律性"。W. Stark, "Introduction, " *Jeremy Bentham's Economic Writings* (London: George Allen & Unwin, Ltd., 1952), Vol. I, p. 17.
27. Jeremy Bentham, *Jeremy Bentham's Economic Writings*, ed. W. Stark, Vol. I, pp. 14, 123-207.
28. Ibid., p. 129.
29. Ibid., pp. 115-116.
30. John Stuart Mill, *Collected Works*, Vol. X, pp. 209n-210n.
31. Ibid., pp. 5-18, 75-115.
32. Ibid., pp. 117-163.
33. Ibid., p. 91.
34. John Stuart Mill, *Essays on Some Unsettled Questions of Political Economy* (London: John W. Parker, 1844), p. 50.
35. John Stuart Mill, Collected Works, Vol. X, p. 15.
36. Ibid., Vol. II, pp. 199-200.
37. Ibid., p. 200.
38. Thomas Sowell, *Say's Law: An Historical Analysis* (Princeton: Princeton University Press, 1972),Chapter 5.
39. William Godwin, *Enquiry Concerning Political Justice*, Vol. I, pp. 158-162, 195; ibid., Vol. II, p. 57.
40. Ibid., Vol. I, pp. 168-169, 206.
41. Adam Smith, *An Inquiry into the Nature and Causes of the Wealth of*

Nations (New York: Modern Library, 1937), p. 308.

42. *Buck v. Bell, Superintendent*, 274 U.S. 200, at 207.

第 6 章　平等的观念

1. Edmund Burke, *Reflections on the Revolution in France* (New York: Everyman's Library, 1967), p. 56.
2. Alexander Hamilton et al., *The Federalist Papers* (New York: New American Library, 1961), p. 21.
3. Ibid., p. 117.
4. F.A. Hayek, *Law, Legislation and Liberty* (Chicago: University of Chicago Press, 1973), Vol. I, p. 141.
5. Ibid., Vol. II, p. 88.
6. Ibid., Vol. I, p. 12.
7. Milton and Rose Friedman, *Free to Choose* (New York: Harcourt Brace Jovanovich, 1980), p. 148.
8. William Godwin, *Enquiry Concerning Political Justice* (Toronto: University of Toronto Press, 1969), Vol. II, p. 109.
9. Ibid., p. 114.
10. Ibid., p. 110.
11. Antoine-Nicolas de Condorcet, *Sketch for a Historical Picture of the Progress of the Human Mind* (Westport, Conn.: Hyperion Press, Inc., 1955), p. 174.
12. Bernard Shaw, *The Intelligent Woman's Guide to Socialism and Capitalism* (New York: Brentano's Publishers, 1928), p. 94.
13. *Regents of the University of California v. Allan Bakke*, 438 U.S. 265, at 297.
14. Ibid., at 387-394.
15. William Godwin, *Enquiry Concerning Political Justice*, Vol. I, p. 15.
16. Bernard Shaw, *The Intelligent Woman's Guide to Socialism and Capitalism*, p. 22.

17. Ibid., p. 126.
18. Ibid., p. 137.
19. William Godwin, *Enquiry Concerning Political Justice*, Vol. II, p. 429.
20. Bernard Shaw, *The Intelligent Woman's Guide to Socialism and Capitalism*, p. 146.
21. Edward Bellamy, *Looking Backward: 2000-1887* (Boston: Houghton Mifflin Company, 1926), p. 136.
22. William Godwin, *Enquiry Concerning Political Justice*, Vol. I, p. 17.
23. Adam Smith, *The Theory of Moral Sentiments* (Indianapolis: Liberty Classics, 1976), pp. 113ff; Milton and Rose Friedman, *Free to Choose*, p. 146.
24. Milton and Rose Friedman, *Free to Choose*, p. 146.
25. Adam Smith, *An Inquiry into the Nature and Causes of the Wealth of Nations* (New York: Modern Library, 1937), pp. 683, 736; Milton Friedman, *Capitalism and Freedom* (Chicago: University of Chicago Press, 1962), Chapter XII.
26. Milton and Rose Friedman, *Free to Choose*, p. 146.
27. Ibid., p. 147.
28. Friedrich A. Hayek, *The Road to Serfdom* (Chicago: University of Chicago Press, 1972), p. 31.
29. Ibid., p. 137.
30. 参见弗里德里希·A.哈耶克的《通往奴役之路》，尤其是第十章。哈耶克认为："社会主义只能通过被大多数社会主义者所反对的方式付诸实践。"Friedrich A. Hayek, *The Road to Serfdom*, p.137. "社会正义的幻象"这一短语是哈耶克后来详细阐述的《法律、立法与自由》第二卷的副标题。
31. F. A. Hayek, *Law, Legislation and Liberty*, Vol. II, p. 20.
32. Ibid., p.22.
33. Ibid., p.33.
34. Ibid., p.2.
35. Ibid., p.39.

36. Ibid., p.65.
37. Ibid., p.64.
38. Ibid., p.64.
39. William Godwin, *Enquiry Concerning Political Justice*, Vol. I, p. 17.
40. Ibid., Vol. II, p. 15.
41. Ibid., p.18.
42. Ibid., p.102.
43. Ibid., p.419.
44. Bernard Shaw, *The Intelligent Woman's Guide to Socialism and Capitalism*, p. 254.
45. Ibid., p. 169.
46. F. A. Hayek, *Law, Legislation and Liberty*, Vol. II, p. 74.
47. Ibid.
48. Milton and Rose Friedman, *Free to Choose*, p. 146; Ronald Dworkin, *Taking Rights Seriously* (Cambridge, Mass.: Harvard University Press,1980).
49. See, for example, Milton Friedman, *Capitalism and Freedom*, Chapter I.
50. Adam Smith, *The Wealth of Nations*, p. 16.
51. Ibid., pp. 15-16.
52. Adam Smith, *The Theory of Moral Sentiments*, p. 337.
53. Adam Smith, *The Wealth of Nations*, pp. 80-81, 365.
54. Adam Smith, *The Theory of Moral Sentiments*, pp. 126-127.
55. Ibid., p.129.
56. Ibid., p.120.
57. Jacob Viner, "Adam Smith and Laissez-Faire," *Journal of Political Economy*, April 1927, p. 215.
58. Alexander Hamilton, *Selected Writings and Speeches of Alexander Hamilton*, ed. Morton J. Frisch (Washington, D.C.: American Enterprise Institute, 1985), p. 210.
59. William Godwin, *Enquiry Concerning Political Justice*, Vol. I, p. 143; ibid., Vol. II, pp. 98, 137.

60. Ibid., Vol. II, pp. 101, 110.
61. Ibid., Vol. I, pp. 18-19; ibid., Vol. II, p.15.
62. Ibid., Vol. I, pp. 257, 267-268, 302; ibid., Vol. II, pp. 531-532, 539, 543.
63. Thomas Hobbes, *Leviathan* (New York: E. P. Dutton and Company, 1970), pp. 35, 40.
64. William Godwin, *Enquiry Concerning Political Justice*, Vol. I, p. 446.
65. Jean-Jacques Rousseau, *The Social Contract* (New York: Penguin Books, 1968), p. 89.
66. Antoine-Nicolas de Condorcet, *Sketch for a Historical Picture of the Progress of the Human Mind*, p. 114.
67. Bernard Shaw, *The Intelligent Woman's Guide to Socialism and Capitalism*, p. 456.
68. P. T. Bauer, Reality and Rhetoric: *Studies in the Economics of Development* (Cambridge, Mass.: Harvard University Press,1984), pp. 1-18, 24; Theodore W. Schultz, *Investing in People: The Economics of Population Quality* (Berkeley: University of California Press, 1981), pp. 8-9, 25-26.
69. Gunnar Myrdal, *Asian Drama*, abridged by Seth S. King (New York: Vintage Books, 1972), pp. 44, 45,53, 55, 68-69.
70. Gerald W. Chapman, *Edmund Burke: The Practical Imagination* (Cambridge, Mass.: Harvard University Press,1967), pp.134-135.See also Edmund Burke, *The Correspondence of Edmund Burke* (Chicago: University of Chicago Press, 1969), Vol. VIII, p. 343; ibid., Vol. IX, pp. 89, 315.
71. Edmund Burke, *Reflections on the Revolution in France*, p.42.
72. Ronald Dworkin, *Taking Rights Seriously*, p. 239.

第7章 权力的观念

1. William Godwin, *Enquiry Concerning Political Justice* (Toronto: University of Toronto Press, 1969), Vol. II, p. 143.

2. Alexander Hamilton et al., *The Federalist Papers* (New York: New American Library, 1961), p. 46.
3. Ibid., p.58.
4. Ibid., p.60.
5. Ibid., p.87.
6. William Godwin, *Enquiry Concerning Political Justice*, Vol. II, pp. 144-145.
7. Ibid., pp. 144-145, 155, 173.
8. Ibid., pp. 164, 173.
9. Ibid., p. 180.
10. Ibid., p. 146.
11. Ibid., pp. 167-168, 169.
12. Adam Smith, *The Theory of Moral Sentiments* (Indianapolis: Liberty Classics, 1976), p. 390.
13. Ibid., p. 256.
14. Ibid., pp. 373-374.
15. Antoine-Nicolas de Condorcet, *Sketch for a Historical Picture of the Progress of the Human Mind* (Westport, Conn.: Hyperion Press, Inc., 1955), p. 193.
16. William Godwin, *Enquiry Concerning Political Justice*, Vol. I, p.276.
17. Ramsey Clark, *Crime in America* (New York: Simon and Schuster, 1970), p.220.
18. Ibid., p.43.
19. Ibid., p.29.
20. Ibid., p.36.
21. Ibid., p.17.
22. Ibid.
23. Adam Smith, *The Theory of Moral Sentiments*, p.170.
24. Ramsey Clark, *Crime in America*, p. 219.
25. William Godwin, *Enquiry Concerning Political Justice*, Vol. II, p.355.
26. Ibid., p.380.

27. Ibid., p.381.
28. Ibid., p.382.
29. Ibid., p.532.
30. Ibid., p.380.
31. Ramsey Clark, *Crime in America*, p.220.
32. John Stuart Mill, *Collected Works* (Toronto: University of Toronto Press, 1977), Vol. XVIII, p.241.
33. Ibid., p. 269.
34. Ronald Dworkin, *Taking Rights Seriously* (Cambridge, Mass.: Harvard University Press,1980), pp. 200-222.
35. Milton and Rose Friedman, *Free to Choose* (New York: Harcourt Brace Jovanovich, 1980), p. 17.
36. Ibid., p.18.
37. Adolf A. Berle, *Power* (New York: Harcourt Brace and World, Inc., 1969), p.200.
38. Ibid., p.208.
39. John Kenneth Galbraith, *The New Industrial State* (Boston: Houghton Mifflin Company, 1967), p. 58.
40. John Kenneth Galbraith, *The Affluent Society* (Boston: Houghton Mifflin Company, 1958), pp. 110-111; George J. Stigler, *The Economist as Preacher* (Chicago: University of Chicago Press, 1982), p. 57.
41. Harry G. Johnson, *On Economics and Society* (Chicago: University of Chicago Press, 1975), p. 202.
42. Gunnar Myrdal, *Asian Drama*, abridged by Seth S. King (New York: Vintage Books, 1972), p.11.
43. P. T. Bauer, *Dissent on Development*, (Cambridge, Mass.: Harvard University Press, 1979), p.25.
44. Gunnar Myrdal, *Asian Drama*, p.131.
45. Ibid., p.142.
46. P. T. Bauer, *Reality and Rhetoric: Studies in the Economics of Development* (Cambridge, Mass.: Harvard University Press, 1984), p. 36.

47. Gunnar Myrdal, *Asian Drama*, pp. 3, 106, 131-145.
48. Ibid., pp. 18, 25, 55.
49. Gunnar Myrdal, *Asian Drama*, p.150.
50. Ibid., p.181.
51. Ibid., p.43.
52. Ibid., p.53.
53. Ibid., pp.68-69.
54. Ibid., p.4.
55. P. T. Bauer, *Reality and Rhetoric*, pp. 2-3, 6, 30-31.
56. P. T. Bauer, *Equality, the Third World, and Economic Delusion* (Cambridge, Mass.: Harvard University Press, 1981), p. 80.
57. P. T. Bauer, *Dissent on Development*, p. 162.
58. P. T. Bauer, *Equality, the Third World, and Economic Delusion*, p.83.
59. Ibid., p.84.
60. P. T. Bauer, *Dissent on Development*, p.44.
61. P. T. Bauer, *Equality, the Third World, and Economic Delusion*, p.49.
62. P. T. Bauer, *Dissent on Development*, pp.205-206.
63. P. T. Bauer, *Reality and Rhetoric*, p.35.
64. P. T. Bauer, *Dissent on Development*, p.221.
65. Gunnar Myrdal, *Asian Drama*, p.63.
66. Ibid., p.79.
67. Ibid., p.82.
68. Ibid., p.143.
69. P. T. Bauer, *Reality and Rhetoric*, p.25.
70. John Kenneth Galbraith, *The Anatomy of Power* (Boston: Houghton Mifflin Company, 1983), p. 7.
71. Robert A. Dahl and Charles E. Lindblom, *Politics, Economics and Welfare* (Chicago: University of Chicago Press, 1967), p. 94.
72. John Kenneth Galbraith, *The Anatomy of Power*, p.14.
73. "经济权力"这一概念当代著名的倡导者之一将它定义为"引起或拒绝生产、采购、销售、货物运送,抑或导致或阻止提供服务(包括劳动力）的能力。" Adolf A. Berle, *Power*, p. 143.
74. John Dewey, *Intelligence in the Modern World* (New York: Random House, 1939), p. 448.
75. *Superior Oil Company v. State of Mississippi, ex rel. Knox, Attorney General*, 280 U.S. 390, at 395-396.
76. Oliver Wendell Holmes, Jr., *Collected Legal Papers* (New York: Peter Smith, 1952), p. 208.
77. *Erie Railroad Co. v. Board of Public Utility Commissioners et al.*, 254 U.S. 394, at 411.
78. *Otis v. Parker*, 187 U.S. 606, at 608.
79. *Brown v. United States*, 256 U.S. 335, at 343.
80. Ronald Dworkin, *Taking Rights Seriously*, p. 149.
81. Ibid., p.137.
82. Ibid., p.139.
83. Ibid., p.277.
84. Ibid., pp.264, 265.
85. Laurence H. Tribe, *Constitutional Choices* (Cambridge, Mass.: Harvard University Press,1985), p.22.
86. Ibid., p.227.
87. Laurence H. Tribe, *Constitutional Choices*, p.28.
88. Ibid., p.165.
89. Ibid., p.171.
90. Ibid., p.179.
91. Ibid., p.187.
92. Ronald Coase, "The Problem of Social Cost," *Journal of Law Economics*, October 1960, p. 16.
93. Eirik G. Furubotn and Svetozar Pejovich, "Property Rights and Economic Theory: A Survey of the Literature," *Journal of Economic Literature*, December 1972, p.1137.
94. Laurence H. Tribe, *Constitutional Choices*, p.189.
95. Ibid., p.193.

96. Ibid., p.220.
97. Ibid., p.197.
98. Ibid., p.193.
99. Armen A. Alchian and Harold Demsetz, "Production, Information Costs, and Economic Organization," *American Economic Review*, December 1972, pp. 777, 788.
100. Ibid., p. 777.
101. Laurence H. Tribe, *Constitutional Choices*, p. 243.
102. 例如，参见 *Food Employees Local Union v. Logan Valley Plaza*, 391 U.S. 308, and *Lloyd Corp., Ltd., v. Tanner*, 407 U.S. 551.
103. Laurence H. Tribe, *Constitutional Choices*, p. 255.
104. Ibid., p. 247.
105. *Peterson et al. v. City of Greenville*, 373 U.S. 244, at 250.

第 8 章 正义的观念

1. John Rawls, *A Theory of Justice* (Cambridge, Mass.: Harvard University Press, 1971), pp. 3-4.
2. Ronald Dworkin, *Taking Rights Seriously* (Cambridge, Mass.: Harvard University Press, 1980), p. xi; Laurence H. Tribe, *Constitutional Choices* (Cambridge, Massachusetts: Harvard University Press, 1985), p. 5.
3. William Godwin, *Enquiry Concerning Political Justice* (Toronto: University of Toronto Press, 1969), Vol. I, p. 166.
4. 例如，葛德文反对政府补偿财产分配中的不平等，虽然他将这些不平等视为道德上的不平等。Ibid., Vol. II, pp. 433-434.
5. Adam Smith, *The Theory of Moral Sentiments* (Indianapolis: Liberty Classics, 1976), p. 169.
6. Ibid., p. 167.
7. Ibid., pp. 167-168.
8. Ibid., p. 166.
9. Oliver Wendell Holmes, Jr., *The Common Law* (Boston: Little, Brown and

Company, 1923), p. 108.
10. Ibid., p. 48.
11. Oliver Wendell Holmes, Jr., *Collected Legal Papers* (New York: Peter Smith, 1952), p. 179.
12. Oliver Wendell Holmes, Jr., *The Common Law*, p. 48.
13. Buck v. Bell, *Superintendent*, 274 U.S. 200, at 207.
14. Oliver Wendell Holmes, Jr., *The Common Law*, p. 1.
15. Oliver Wendell Holmes, Jr., *Collected Legal Papers*, p.194.
16. Ibid.
17. William Blackstone, *Commentaries on the Laws of England* (Chicago: University of Chicago Press, 1979), Vol. I, p. 62.
18. Ibid., p.41.
19. Ibid., p.70.
20. Ibid., p.68.
21. Ibid., pp.59, 60, 61, *passim*.
22. Ibid., p. 70.
23. Edmund Burke, *Reflections on the Revolution in France* (New York: Everyman's Library, 1967), p. 92.
24. F. A. Hayek, *Law, Legislation and Liberty* (Chicago: University of Chicago Press, 1973), Vol. I, p. 100.
25. Adam Smith, *The Theory of Moral Sentiments*, p. 142.
26. Ibid., p. 156.
27. Oliver Wendell Holmes, Jr., *The Common Law*, p. 2.
28. William Godwin, *Enquiry Concerning Political Justice*, Vol. II, p. 347.
29. Ibid., p. 400.
30. Ibid., p. 404.
31. John Dewey, *Human Nature and Conduct* (New York: Random House, 1957), p. 46.
32. William Godwin, *Enquiry Concerning Political Justice*, Vol. I, p. 171.
33. Ibid., p. 173.
34. 例如，为控制犯罪的威慑与改造方法。

35. Antoine-Nicolas de Condorcet, *Sketch for a Historical Picture of the Progress of the Human Mind* (Westport, Conn.: Hyperion Press, Inc., 1955), p.192.
36. William Godwin, *Enquiry Concerning Political Justice*, Vol. I, pp.437-438.
37. Ibid., pp.171ff.
38. Antoine-Nicolas de Condorcet, *Sketch for a Historical Picture of the Progress of the Human Mind*, p.112.
39. Ibid., p.31.
40. Laurence H. Tribe, *Constitutional Choices*, p. ix.
41. Ibid., p. viii.
42. Ibid., p.4.
43. Ibid., p.5.
44. Ibid., p.268.
45. Ibid., p.11.
46. Ibid., p.13.
47. Ibid., p.26.
48. Ibid., p.239.
49. Ibid., pp.241-242.
50. Ronald Dworkin, *Taking Rights Seriously*, p.147.
51. See, for example, Richard Posner, *Economic Analysis of Law* (Boston: Little, Brown, and Company, 1972), Chapter 2.
52. Ibid., pp.12-13,18. See also idem., *The Economics of Justice* (Cambridge, Mass.: Harvard University Press, 1981), pp. 70-71, 180-182.
53. Milton Friedman *Capitalism and Freedom* (Chicago: University of Chicago Press, 1962), Chapter 1.
54. *Abrams et al. v. United States*, 250 U.S. 616, at 630.
55. Ibid.霍姆斯也在该异议中说:"我从来没有怀疑过通过同样的推理可以论证惩罚谋杀的理由的合理性,美国宪法可能会惩罚一个产生或旨在产生明确的和迫在眉睫的危险的演讲,这样的演讲可能会带来某些即时的实质性罪恶,而这正是美国宪法可能寻求阻止的。" Ibid., at 627.

56. Ronald Dworkin, *Taking Rights Seriously*, p.264.
57. Laurence H. Tribe, *Constitutional Choices*, p.165.
58. Ibid., p.169.
59. Ibid., p.165.
60. Ibid., p.11.
61. Ibid., p.189.
62. Ibid., p.197.
63. Ibid., p.188.
64. Ibid., p.220.
65. For example, see *Marsh v. Alabama*, 326 U.S. 501; *Food Employees Union v. Logan Valley Plaza*, 391 U.S. 308.
66. Laurence H. Tribe, *Constitutional Choices*, p. 258.
67. William Godwin, *Enquiry Concerning Political Justice*, Vol. II, p. 57.
68. Ibid., Vol. I, pp.161,162.
69. Ibid., pp. 168-169, 206; ibid., Vol. II, pp. 432, 439-445; Antoine-Nicolas de Condorcet, *Sketch for a Historical Picture of the Progress of the Human Mind*, pp.130-131,180.
70. F. A. Hayek, *Law, Legislation and Liberty* (Chicago: University of Chicago Press, 1976), Vol. II, p.64.
71. See subtitle, ibid., title page.
72. F. A. Hayek, *Law, Legislation and Liberty*, Vol. II, p. xii.
73. Ibid., p.66.
74. Ibid., p.78.
75. Adam Smith, *An Inquiry into the Nature and Causes of the Wealth of Nations* (New York: Modern Library, 1937), pp. 683, 734-738; John Rae, *Life of Adam Smith* (New York: Augustus M. Kelley, 1965), p. 437.
76. Michael St. John Packe, *The Life of John Stuart Mill* (New York: The Macmillan Company, 1954), pp. 56-59, 457-462, 484.
77. Edmund Burke, *The Correspondence of Edmund Burke* (Chicago: University of Chicago Press, 1968), Vol. VII, pp. 124-125; Adam Smith, *The Theory of Moral Sentiments*, p. 337; Adam Smith, *The Wealth of*

Nations, pp. 365-366; William Godwin, *Enquiry Concerning Political Justice*, pp. 443-444; Antoine-Nicolas de Condorcet, *Sketch for a Historical Picture of the Progress of the Human Mind*, p. 114.
78. Milton Friedman, *Capitalism and Freedom*, pp.191-193; Bernard Shaw, *The Intelligent Woman's Guide to Socialism and Capitalism* (New York: Brentano's Publishers, 1928), pp. 112-117.
79. William Godwin, *Enquiry Concerning Political Justice*, Vol. II, pp. 429-430.
80. Bernard Shaw, *The Intelligent Woman's Guide to Socialism and Capitalism*, pp. 95-96.
81. F. A. Hayek, *Law, Legislation and Liberty*, Vol. II, p. 75.
82. Ibid., p. 67.
83. F. A. Hayek, *Studies in Philosophy, Politics and Economics* (New York: Simon and Schuster, 1969), p.238.
84. F. A. Hayek, *Law, Legislation and Liberty*, Vol. II, p. xii.
85. Ibid., p. xi.
86. Ibid., p.80.
87. Ibid., p.97.
88. Ibid., p.130.
89. Friedrich A. Hayek, *The Road to Serfdom* (Chicago: University of Chicago Press, 1972), p. 79.
90. F. A. Hayek, *Law, Legislation and Liberty*, Vol. II, pp.62-63.
91. Ibid., p.33.
92. Ibid., p.70.
93. Ibid., p.64.
94. F. A. Hayek, *Studies in Philosophy, Politics and Economics*, p.240.
95. Ibid., p.243.
96. F. A. Hayek, *Law, Legislation and Liberty*, Vol. II, p.36.
97. See, for example, Milton Friedman, *Capitalism and Freedom*, pp. 133-136, 161-177.
98. Richard Posner, *The Economics of Justice*.

99. Friedrich A. Hayek, *The Road to Serfdom*, p. 167.
100. Ibid., Chapter XII.
101. Ronald Dworkin, *Taking Rights Seriously*, pp.184-205.
102. Antoine-Nicolas de Condorcet, *Sketch for a Historical Picture of the Progress of the Human Mind*, p.174.
103. *Regents of the University of California v. Allan Bakke*, 438 U.S. 265, at 294n.

第9章 观念、价值观和范式

1. Thomas Kuhn, *The Structure of Scientific Revolutions* (Chicago: University of Chicago Press, 1970), pp. viii, 10, 23-34.
2. Ibid., p.10.
3. Ibid., p.17.
4. Thomas Robert Malthus, *Population: The First Essay* (Ann Arbor: University of Michigan Press, 1959), pp.3, 50-105.
5. Ibid., p.4.
6. 尽管暗含的报酬递减律直到17年后才变得明确，但马尔萨斯和爱德华·威斯特爵士同时出版的小册子使他们成为这个经济学原理公认的共同发现者。Thomas Robert Malthus, *An Inquiry into the Nature and Progress of Rent* (Baltimore: Johns Hopkins University Press, 1903); Sir Edward West, *An Essay on the Application of Capital to Land* (London: P. Underwood, 1815). Thomas Sowell, *Classical Economics Reconsidered* (Princeton: Princeton University Press, 1974), pp.75-77.
7. Thomas Robert Malthus, *Population*, p.20.
8. Thomas Robert Malthus, *Principles of Political Economy*, 2nd edition (London: John Murray, 1836), p.226.
9. Thomas Robert Malthus, *Population*, p.34.
10. Ibid., p.57.
11. Ibid., p.67.
12. Ibid., p.95.

13. 参见Thomas Sowell, "Adam Smith in Theory and Practice," *Adam Smith and Modern Political Economy*, ed. Gerald P. O'Driscoll (Ames: Iowa State University Press, 1979), pp. 11-13.
14. Richard A. Lester, "Shortcomings of Marginal Analysis for Wage-Employment Problems," *American Economic Review*, March 1946, pp. 63-82.
15. Herbert G. Gutman, *The Black Family in Slavery and Freedom, 1750-1925* (New York: Vintage Books,1976).
16. Friedrich A. Hayek, *The Road to Serfdom* (Chicago: University of Chicago Press, 1972), pp. 103-105.
17. Adam Smith, *An Inquiry into the Nature and Causes of The Wealth of Nations* (New York: The Modern Library, 1937), p.250.
18. Ibid., p.438.
19. Ibid., p.128.
20. Ibid., p.401.
21. Milton and Rose Friedman, *Tyranny of the Status Quo* (New York: Harcourt Brace Jovanovich, 1984), pp. 35-39, 46, 52-53, 119; F. A. Hayek, *Studies in Philosophy, Politics and Economics* (New York: Simon and Schuster, 1967), p. 192.
22. William Godwin, *Enquiry Concerning Political Justice* (Toronto: University of Toronto Press, 1969), Vol. I, p. 21; ibid., Vol. II, p. 454; Bernard Shaw, *The Intelligent Woman's Guide to Socialism and Capitalism* (New York: Brentano's Publishers, 1928), pp. 386-391; John Kenneth Galbraith, *The Anatomy of Power* (Boston: Houghton Mifflin Company, 1983), pp. 138-140.
23. Adam Smith, *The Wealth of Nations*, p. 718ff.
24. 约瑟夫·熊彼特就是一个罕见的例外，但他的从商生涯相当短暂——他是一个失败的商人。
25. Thomas Robert Malthus, *Population*, p. 3.
26. William Godwin, *Of Population* (London: Longman, Hurst, Rees, Orme, and Brown, 1820), p. 520.

27. Ibid., p. 554.
28. Ibid., p.550.
29. Ibid., p.565.
30. For example, see Friedrich A. Hayek, *The Road to Serfdom*, pp. iv-v.
31. Ibid., p.55.
32. Ibid., p.185.
33. See, for example, J. A. Schumpeter, "Science and Ideology," *American Economic Review*, March 1949, pp. 345-359.
34. Thomas Sowell, *Knowledge and Decisions* (New York: Basic Books, 1980), pp. 147-149.

© 民主与建设出版社，2023

图书在版编目（CIP）数据

观念的冲突 /（美）托马斯·索维尔
(Thomas Sowell) 著；夏维勇译 . -- 北京：民主与建设出版社，2023.9（2023.11 重印）
书名原文：A Conflict of Visions
ISBN 978-7-5139-4145-7

Ⅰ . ①观… Ⅱ . ①托… ②夏… Ⅲ . ①观念—研究 Ⅳ . ① B017

中国国家版本馆 CIP 数据核字（2023）第 078650 号

A CONFLICT OF VISIONS: IDEOLOGICAL ORIGINS OF POLITICAL STRUGGLES
by THOMAS SOWELL
Copyright ©2007 BY THOMAS SOWELL
This edition arranged with CAROL MANN AGENCY through Big Apple Agency,Inc., Labuan, Malaysia.
Simplified Chinese edition copyright ©2023 by Ginkgo (Shanghai) Book Co., Ltd.
All rights reserved.
本书简体中文版由银杏树下（上海）图书有限责任公司出版。

版权登记号：01-2023-2893

观念的冲突
GUANNIAN DE CHONGTU

著　　者	[美]托马斯·索维尔			
译　　者	夏维勇			
筹划出版	银杏树下	出版统筹	吴兴元
责任编辑	王　颂	特约编辑	李　峥
封面设计	墨白空间·杨和唐		
出版发行	民主与建设出版社有限责任公司		
电　　话	（010）59417747　59419778		
社　　址	北京市海淀区西三环中路 10 号望海楼 E 座 7 层		
邮　　编	100142		
印　　刷	嘉业印刷（天津）有限公司		
版　　次	2023 年 9 月第 1 版		
印　　次	2023 年 11 月第 2 次印刷		
开　　本	889 毫米 ×1194 毫米　1/32		
印　　张	9.5		
字　　数	166 千字		
书　　号	ISBN 978-7-5139-4145-7		
定　　价	65.00 元		

注：如有印、装质量问题，请与出版社联系。